擺脫挫折的
統計學入門

挫折しない統計学入門　数学苦手意識を克服する

淺野晃◎著
陳朕疆◎譯
前師範大數學系教授兼主任 洪萬生◎審訂

克服你對數學的恐懼！

前言

感謝你拿起本書。

對我來說,在大學部工學部(大學理工學院)念書,已經是三十年前的事了,那時我們的必修課程中並沒有統計學。不過,現在的電腦與網路科技比那時還要發達許多,蒐集、處理大規模資料已是再尋常不過的事,使統計學成為一門應用廣泛的學問。最近很流行的「人工智慧」,也是在蒐集了非常龐大的資料以後,從中找出我們想要的答案,這可說是統計學發展的結晶。另外,許多大學的共同課程中,也加入統計學課程。不管學生是文組還是理組、主修哪個領域,統計學都成為了一門必備的學問。

若我開的統計課上有許多來自各個領域的學生,我除了教他們統計學的計算過程,也會說明「統計學為什麼要這樣計算、有什麼目的」,也就是「統計學的內在」。

「統計學的內在」可以用數學表示。在我開的課中,為了讓學生不要被嚇跑,我一定會在一開始就說「統計學會用到的計算只有+、−、×、÷、平方根,還有次方這六種而已喔」。但當我們開始計算平均值,用到 Σ 這個符號(計算總和)時,就有學生撐不下去了。遺憾的是,這樣的學生還不算少。

這些地方之所以會成為學生的障礙,並不是因為學生們數學差。只是因為他們並不曉得這些符號在數學領域中的使用方式,或者說他們不了解數學的「語言」,也可能只是他們剛好忘了這些符號怎麼用而已。這些學生們就因為這樣而失去了接觸統計學的機會,我覺得是一件很可惜的事。

因此,在開始學習「統計的內在」前,本書準備了「數學準備篇」這個章節,以說明「數學的內在」。在這個部分中,我們會先從

「如何閱讀數學相關書籍」開始說明，像是數學邏輯與日常邏輯有什麼不同、變數與常數，以及數學中常用到的「希臘字母」。此外，還會提到次方、平方根、以及Σ符號等，只在數學中出現的表現方式，也會說明微分、積分的概念。

在做完這些數學熱身運動後，就可進入「統計學基礎篇」，開始說明統計學的基礎原理。我們會先說明在蒐集資料之後如何進行分析，也就是所謂的「敘述統計學」。不論資料大小，我們都可以用代表值、相關、迴歸等概念說明資料的特性，我希望讀者在讀過這個部分「不只能說出每一筆資料各有不同，還能夠說出資料的組成特性」。

熟悉以上內容之後，就可進入「統計學進階篇」。我們會學到如何從蒐集到的資料，分析未能蒐集到的資料，也就是所謂的「推論統計」。在這個部分中，「機率」扮演著很重要的角色。推論統計方法中，若知道蒐集到之資料的「組成特性」，就可以知道除此之外的資料可能的樣子，這就是這個部分的重點。

在這裡有一個小小的要求，當你在閱讀本書時，如果覺得好像有掌握到某些「統計學的內在」，請你一定要試著用個人電腦跑跑看資料處理。能夠進行資料處理的工具包括Excel之類的試算表軟體，以及R這類免費統計分析軟體，市面上有相當多這些軟體的解說書籍。如果在你親手操作這些工具、處理資料時，真正意會到「這個步驟想做什麼」，才表示這些統計學的「核心」真的有成為你的一部分。

執筆本書時，Ohm社書籍編輯部門的各位給予我許多協助，並提供了許多很棒的建議，在此表示我的謝意。

另外，由於我申請到了平成二十八年度關西大學研修員的身分，獲得了研修費，使我能夠在這段期間內專心於研究、寫作活動。本書的部分內容也是在這段期間內完成的。

筆者在大學開的統計學課程中所使用的投影片已公開於網站上，網址為http://racco.mikeneko.jp/Kougi/。

二〇一七年一月

淺野 晃

目　錄

第 **1** 部

數學準備篇

第 1 章

數學不是「UNO」，而是「Pageone」

1.1　數學不是「UNO」，而是「Pageone」

　　為什麼數學這麼難呢？為什麼有很多人會覺得數學「很困難」呢？

　　覺得數學很難的原因千奇百怪，不過有一個很重要的原因是「數學中只有一小部分能用常識理解」。其它像是物理、生物等領域的學者們，研究的是自然界內的現象；而人文、社會學領域的學者們，研究的則是現實中的人類行為。研究這些學問時，研究者們可以在現實中親眼看到這些自然現象或人類行為，故可藉由現實中的經驗理解這些學問。

　　另一方面，數學卻不存在於自然界中，是一門完全由人類建構出來的學問。

　　就像古埃及為了決定如何分配土地，而發展出數學中的幾何學一樣，數學原本是為了解決現實中的問題而發展出來的學問。不過當幾何學這門數學領域發展出來以後，就與埃及的土地分配沒有關係，也和世界各地的土地分配沒有任何關係。

　　在思考幾何學問題時，用到的只有幾何學的規則，以及解題時的預設條件。學習幾何學時，會畫出有點或直線的圖，而在數學領域中，點沒有大小之分、直線沒有寬窄之別。這與我們的現實經驗不同，這些就是「我們在解數學題時的預設條件」。

　　我們可藉由這些規則，一一探究幾何學中各種圖形的性質。由此瞭解到的性質又稱為「定理」，而重要的定理則會被賦予名字，像是「畢氏定理」。畢氏定理說的是直角三角形的斜邊長（圖1.1的 a）與其它兩邊（b 與 c）有著 $a^2 = b^2 + c^2$ 的關係。知道怎麼使用畢氏定理，就可以馬上算出長方形土地的對角線長。由此可知，數學世界的定理也可以幫助我們解決現實中的問題。

　　不過，即使我們可以接受數學世界中的預設條件，在閱讀數學書籍的時候，還有一個會讓我們覺得數學很困難的地方，那就是艱澀的數學式。

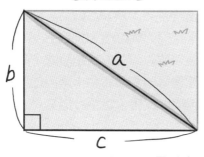

長方形土地

$$a^2 = b^2 + c^2$$

計算土地的對角
線長度時很方便

圖1.1　畢氏定理

　　之所以會覺得數學式很困難，是因為數學式中「只會」寫出數學
符號與預設條件。用中文寫出來的文章，內容再怎麼艱澀，還是可以
用我們平常使用的中文知識慢慢讀下去。但讀數學式時卻不是這麼一
回事。數學式完全由數學符號與預設條件所組成。+－×÷這些符號在
數學的每個領域中，都預設是同樣的意義。而 $(-1) \times (-1) = +1$ 這種負
負得正的規則，也是在確認不會與其它預設條件矛盾之後，才決定出
來的規則。

　　至於 x 是什麼、n 是什麼等等對於未知數的定義，則是在解題時
當場決定的預設條件。舉例來說，統計學的書中可能會出現這樣的敘
述

　　假設一組資料中有 n 個數值，分別是 $x_1, x_2, \cdots, x_n$，則這些數值的
　　平均值 $\bar{x}$ 可表示為

$$\bar{x} = \frac{x_1 + x_2 + \cdots + x_n}{n} \tag{1.1}$$

其中 n 是數值的個數，$x_1, x_2, \cdots, x_n$ 代表每一個數值，$\bar{x}$ 則是數值的平
均，這些都是當場決定的事項。如果這條算式出現在一本數學書中，
那麼這條算式所定義的事項，在這本書以後的內容中也持續有效。要
是讀者直接跳到過這個部分，或者是忘記這條算式的定義，在閱讀後
面的內容時，可能會不管怎麼讀都讀不懂。

這樣的規則和某些卡牌遊戲的規則有幾個相似的地方。想必各位都有聽過「UNO」這個卡牌遊戲吧。UNO 的玩家需從手牌中選擇與場上的牌花色相同，或者數字相同的牌打出。要是手上沒有可以出的牌，就必須從牌堆中抽出一張牌放入手牌內。遊戲時，每位玩家依序出牌，最先出完手牌的人就能獲得勝利。有些卡牌中還有著像是「讓下一個人抽兩張牌」、「出牌順序反轉」之類的指示。

圖1.2　UNO

那麼，各位有聽過「Pageone」（正確來說應該是「American Pageone」）的撲克牌遊戲嗎？Pageone 是 UNO 的原型遊戲之一，有著各式各樣的變種玩法，不過，「從手牌中選擇與場上的牌花色相同，或者數字相同的牌打出。要是手上沒有可以出的牌，就必須從牌堆中抽出一張牌放入手牌內。每位玩家依序出牌，最先出完手牌的人就能獲得勝利」，這個基本規則和 UNO 是一樣的。

UNO 是用專用牌來玩，所以，有些牌上會寫著「讓下一個人抽兩張牌」這樣的說明。不過，Pageone 是用撲克牌來玩，所以，若玩家希望特定數字的牌有特殊用法，需要在開始玩之前就自行定義清楚，像是「出 2，下一個人要出兩張牌」，或者是「出 8，出牌順序反轉」之類的。因為這是遊戲規則，所以，即使被問到「為什麼出 8 的時候出牌順序會反過來呢？」也很難回答出個所以然。因為這是預設條件，所以沒有為什麼。

筆者念小學的時候，在學校玩 Pageone 的時候常會「當場決定遊戲規則」。在開始正式遊戲之前，我們會隨意抽出一張牌，如果這張牌是 3，就訂出「出 3，下一位玩家就要抽兩張牌」這樣的規則，並

當場把這個規則背起來。要是在遊玩途中弄錯規則，要「加手牌」，也就是要接受處罰。

讀數學書籍的時候，就和這種「當場決定規則的 Pageone」一樣。若想知道書中數學式中的 x 和 y 分別是什麼意思，就要往前翻翻這本書中這條數學式之前的內容，一定會有「將某某東西表示為 x」之類的說明。要是沒有確認這一點，就會被「加手牌」，就算讀完這本書，也不曉得書的內容在講些什麼。

1.2　數學書的閱讀方式：數學家也不可能一目十行

在你看書的時候，讀一頁大概需要多少時間呢？如果是讀起來很輕鬆的書籍，應該可以一頁一頁地迅速翻過。如果是稍微有點困難的書，閱讀的速度可能就和唸出聲音的速度差不多。

但閱讀數學書籍的時候就不是這麼一回事了。某些情況下，讀一頁，甚至是理解一條數學式可能就會花上好幾天。不只是還未習慣閱讀數學書籍的初學者，數學家也很有可能會出現這樣的情況。數學家們在閱讀數學論文時，需要充分的時間理解最新的研究成果。

為什麼閱讀數學書籍時很花時間呢？筆者認為原因有以下幾點。

書中所寫的數學規則僅適用於該書　如前一節所述，現實生活中的「常識」沒辦法應用在閱讀數學書籍上。數學書中除了有+－×÷這些適用於所有數學領域的規則之外，還有著「將某某東西表示為 x」這種僅適用於這本書的規則。在閱讀數學書籍時，需隨時記著這些規則，一一理解每條數學式想表達什麼意思，數學式又為什麼要這樣變形才行。

不是用日語文法寫成　數學式的書寫規則與日語文法有所不同。若要問和哪種語言比較接近，比起日語，數學式與歐美語言較為相似。舉例來說，本書第九章以後會用 $P(X)$ 來表示「X 的機率」。英語中寫成 "probability of X"，P在X前面。但在日語順序剛好相反，「機率」在 X 的後面。因此，在日語數學書中，常可看到日語中夾雜著各

種「外國語言」及「數學語言」。

不一定是從前面開始閱讀 一般的語言中，為了在唸出聲音時能讓人馬上理解，通常是從一段文字的最前端開始，照著文字的順序一一理解文字的意義。但數學式並沒有預設要被唸出聲音來，故不一定是從最前端開始理解每一個符號的意思。

數學式中有著「先乘除、後加減」的規則。因此像是「$1 + 2 \times 3$」這樣的式子，就必須先計算 2×3，再計算 $1 + (2 \times 3$ 的結果$)$。

另外，我們在第十二章中說明「區間估計」時，也會出現「$P(-1.96 \leq Z \leq 1.96) = 0.95$」這樣的式子。讀者必須先讀懂 ( ) 內想表達的是「Z 在 -1.96 以上，1.96 以下」的意思，然後瞭解到 $P(\cdots)$ 想表達的是「( ) 內的事情發生的機率」，最後看到「$= 0.95$」時，才會明白到這個機率是0.95。照這個規則閱讀這條式子，先瞭解式子的中間部分，再逐漸往左右兩邊擴張，才能讀懂這條式子想表達的意思。

沒辦法把數學式唸出來 如前所述，數學式並沒有預設要被唸出聲音來。因此，唸不出數學式是很正常的。

第四章中說明用來表示總和的符號「Σ」時，會提到「$\sum\limits_{i=1}^{n}$」這個數學式的唸法是「sigma x_i i 等於1到 n」或「將 i 等於1到 n 的 x_i 加總」，但這個數學式並不是非得要這樣唸才行，不管怎麼唸都沒有關係。

我能理解「沒有讀出聲音，就很難記住」這種想法，但照著文字符號的排列把數學式硬背下來其實沒有什麼意義。就算反覆唸著「sigma x_i i 等於1到 n」而將其硬背下來，若沒有辦法把這轉換成數學符號 $\sum\limits_{j=1}^{k}$，就沒有意義了。

讀到後面時會覺得突然變得很難 我們小時候學過的數學知識在我們的生活中會不斷重複使用。生活中經常使用的「$+ - \times \div$」就是在小學時學到的，在多次使用之後我們已熟練了這些計算方式。就像前面提到的「平均」這個例子一樣，如果在一本書中已經定義了一次規則，就不會在同一本書內講第二次，而且這個定義會一直沿用到書結束。

數學書籍中，常會在一開始就提到一大堆諸如「x 代表某某意思」之類，看起來很單純的定義。由於在這本書之後的內容中，都會把這個定義當成理所當然的條件來使用，所以，要是一開始不把這些單純的定義當一回事，讀到後面時就會覺得突然變得很難。

閱讀數學書籍時會碰到上述困難。老實說，對於筆者而言，閱讀寫有一大堆數學式的書時也會覺得很累，常會想要跳過數學式的部分。但這就像是讀日語時，跳過艱難的漢字只讀假名一樣，絕對看不懂在寫什麼。

因此，對那些覺得數學書籍很難看懂的人，我建議閱讀時在旁邊做一份筆記。當看到書中寫著「x 代表某某意思」的內容時，就在筆記上寫下「x：某某意思」。之後如果在其它數學式中看到 x，就再回頭看看筆記中的「x：某某意思」。這麼一來，讀者就可以在腦中將各種數學式一一組合起來，想像出這本書想說明的世界，建構出自己的「世界觀」。

換句話說，就像是在玩剛才提到的「當場決定規則的Pageone」時，將當場決定的規則寫在筆記上，邊看著規則邊玩遊戲一樣。筆者現在在閱讀有許多數學式的學術論文時，也常用這種方法。

1.3　本書的內容展望

我們剛才提過「世界觀」這個詞。在閱讀數學書籍的時候，「展望」也是很重要的事。不管是在推導數學式還是在推導邏輯，要是沒

有一個目標，腦中的數學世界會逐漸蒙上一層濃霧。若知道終點是什麼，就能夠同時從出發點與終點走出一條路徑，幫助理解這段推論的過程。

　　因此，在本章的最後，我想簡單說明在這本書中，做為統計學的「熱身運動」的第一部內容，與說明統計學概念的第二、三部內容有什麼樣的關係。請對照著圖 1.3 看。

第 2 章「狡猾的政客」中，我們會說明數學中的邏輯與集合，以及集合的示意圖「文氏圖」。本書中常會用到數學上的邏輯，特別是在第 12 章講到「檢定」時，數學邏輯更是必備的基礎概念。而在第 9 章講到機率時，我們會用集合與文氏圖來說明「條件機率」的概念。

第 3 章「帥氣的希臘字母」中，我們會說明在數學中常用到的希臘字母。而且在本章中所提到的「常數」與「變數」的概念，在本書的其它地方也會用到。另外，本章會提到「不等式」。第 10 章中說明「隨機變數的範圍」，以及第 12 章說明「區間估計」時，都會用到不等式的概念。

第 4 章「加法→乘法→次方，逐漸演進的計算方法」中，會說明「＋、－、×、÷、根號、次方」等計算符號。本章還會提到代表總和的「Σ 符號」，這個符號在第 7 章中求平均值，以及第 14 章中計算各種與期望值有關的數值時都會出現。此外，在第 8 章中講到「對數尺度」時，會用到本章所提到的「對數」概念；而在第 13 章中講到「連續」時，會用到本章所提到的「實數」概念。

第 5 章「函數與數學式」中，會說明數學領域中非常重要的「函數」，以及函數的「圖形」等概念。第 8 章講到能夠精簡資料意義的「迴歸」，以及第 13 章講到與機率有關的「機率密度函數」時，都會用到函數與圖形的觀念。

第 6 章「從單位到微分、從合計到積分」中，會說明數學領域中用來衡量「量」的變化時會用到的「微分」與「積分」。第 8 章在求迴歸線時會用到「最小平方法」，說明最小平方法時就會用到微分的概念；第 13 章在說明「連續型機率分配」時，則會用到積分的概念。

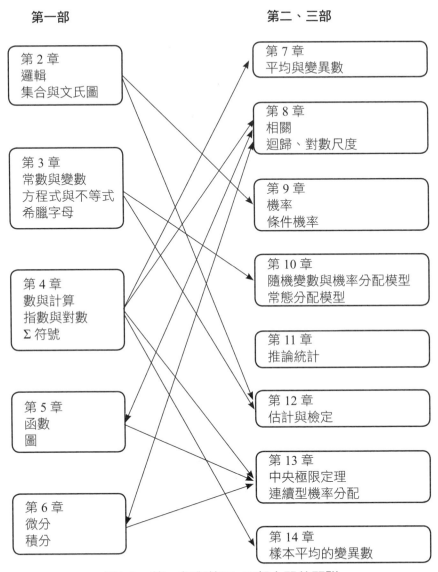

圖1.3 第一部與第二、三部之間的關聯

練習問題

符號。的定義為 $a \circ b = a + a \times b$，此時

1. $2 \circ 1$ 是多少？
2. $1 \circ (2 \circ 3)$ 是多少？
3. 試證明 $1 \circ x = 1 + x$

練習問題解說

1. $2 \circ 1 = 2 + 2 \times 1 = 4$
2.
$$1 \circ (2 \circ 3) = 1 \circ (2 + 2 \times 3)$$
$$= 1 \circ 8$$
$$= 1 + 1 \times 8$$
$$= 9$$

（1.2）

3. 由於 $1 \circ x = 1 + 1 \times x$，而 $1 \times x = x$，故 $1 \circ x = 1 + x$。

解說　在這個練習中，看到題目出現「符號。的定義為…」這段文字時，就需會意到「。」就是這個意思。這就是前文中曾提過的「當場決定規則的Pageone」。另外，題目中的 a, b, x 是「變數」，可以是隨便一個數，只是以 a, b, x 等符號做為代表寫在題目中。而問題3.就是要解題者證明：不管變數x是什麼樣的數，$1 \circ x = 1 + x$ 這個關係都會成立。

第 **2** 章

狡猾的政客

2.1　狡猾的政客，會做出「可以實現的承諾嗎」？

前幾天，筆者在住家附近散步時，看到了一個議員候選人的海報。上面寫著：

我不會做出無法實現的承諾

我想這位議員候選人想說的應該是「我做出的承諾一定會實現」吧。一般人應該會這麼想才對。

圖2.1　狡猾的政客

但就數學邏輯來說，這兩句話的意思並不一樣。數學邏輯與一般常識不同，數學在處理問題時需依循一定規則思考，如果思考過程中有任何曖昧不清的地方，邏輯會變得一團亂。因此在數學邏輯中，並不會「默認未曾說過」，而是保持著「未曾說過的話就是未確定事項」的態度。若由平時對語言的理解方式來看該名議員候選人說，會覺得「議員應該會做出承諾」，但從數學邏輯上來說，卻不會這麼認為。數學上，

若只說「我不會做出無法實現的承諾」，並沒有說明「是否真的要做出承諾」。

因此,「我不會做出無法實現的承諾」這句話的意思應該是,

> 若做出承諾,則這個承諾一定會實現。

這個議員候選人只有說如果「做出承諾」的話會怎麼做,並沒有說如果「沒做出承諾」的話會怎麼做。所以,即使這名議員候選人「沒做出任何承諾」,也沒有違反「我不會做出無法實現的承諾」這句話。

2.2 「數學的邏輯」與「科學的態度」

你會不會覺得前一節的故事根本是在胡說八道呢?沒想到在數學領域中,連這麼細微的事情都得講得那麼清楚才行。這也是我們在討論所謂的「科學態度」時需注意的事。

前一節中我們提到,

> 我不會做出無法實現的承諾 = 若做出承諾,則這個承諾一定會實現

這裡「若做出承諾」這個部分,在數學上稱做**假設前提**。在數學的推論中,我們會「假設某個前提是正確的,並在這個條件下進行推論」。

因此,我們假設了什麼樣的前提,便是一件很重要的事。不管之後做過什麼樣的計算、推導出什麼定理,都只有在這個前提正確的情況下才會成立。不只數學是這樣,任何一種科學都適用這樣的規則。先訂出明確的假設前提,並說明這個前提下,會得到哪些結果,這就是科學的態度。服用藥物時,也得遵守「得到什麼疾病、什麼症狀的人、用什麼樣方式服用才會有效」的規則,並不存在「對任何疾病、任何症狀都有效的藥物」。

本書後面會提到「區間估計」此一推論統計方法。這種方法可用

來解決下面這個例題。[1]

> **例題**　假設某次考試中，考生們的分數為常態分配。從接受這
> 次考試的考生中隨機抽出 10 名學生做為樣本，計算出這
> 些考生的平均分數是 50 分。已知這次考試中，全體考生
> 分數的變異數是 25，請求出全體考生之平均分數的 95%
> 信賴區間。

　　在這個例題中提到，許多人參加了一場考試，每位考生都有自己的分數資料，而我們從這些資料中抽出一部分來研究，經計算後做出「全體考生的平均分數應在 50 分～60 分之間」這種形式的推論。在這個例題中，若以 μ 表示全體考生的平均分數、以 σ^2 表示全體考生之分數的變異數（分散程度）、以 n 表示抽取出來的樣本大小（本題為10人）、以 $\bar{X}$ 表示抽取出之樣本的平均，則我們可利用「$\left(\dfrac{\bar{X}-\mu}{\sqrt{\dfrac{\sigma^2}{n}}}\right)$ 的值應在 -1.96 至 1.96 間」之性質，回答出「信心水準為 95% 時，全體考生的平均分數應在 46.9 以上，53.1 以下」這樣的答案。

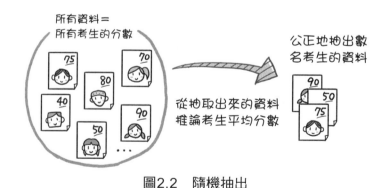

圖2.2　隨機抽出

1　這個例題將在第 12 章中說明。

我們會在第十二章中提到，要做出上述推論，必須假設「欲抽取出部分資料以進行研究時，這些資料需隨機抽出（公正地抽出，圖2.2）」、「這些資料的分散情形可視為常態分配（將現實中最常看到的資料分配方式，以數學式的形式表現出來的分配方式）」這些前提是正確的，才能計算出這樣的結果。以這些假設條件為基礎，可計算出這個推論結果的正確機率，[2]也就是「信心水準」。

我們可以用以下幾種方式回答這個例題：

1. 所有考生的平均分數應在 46.9 以上，53.1 以下。
2. 假設抽取樣本時為隨機抽出，且考生分數為常態分配，那麼所有考生的平均分數應在 46.9 以上，53.1 以下。
3. 假設抽取樣本時為隨機抽取，且考生分數為常態分配，那麼信心水準為 95% 時，所有考生的平均分數應在 46.9 以上，53.1 以下。

其中，2 的說法比 1 更科學，3 又比 2 更科學。像 1 這種單刀直入的描述方式比較能為一般人接受。而所謂比較科學的描述方式，則常被人認為是在繞圈子，或者是在規避責任。但筆者認為，像這樣把「假設條件是什麼」說清楚，並闡明結論的正確性，才是科學的精神。

2.3　邏輯與集合

接著我想說明與邏輯有密切關係的**集合**。之後在第九章說明機率時，也會提到集合的概念。

集合是「一堆東西聚集在一起所形成的群體」，是數學領域中的基礎概念。聚集在一起的「東西」稱作**元素**，元素可以是數字、物體、事件，什麼都行。不過在數學上，要決定一個由各個元素所聚集

2　後面講解「區間估計」的時候，會再詳述「隨機抽出」、「常態分配」，與「信心水準」等名詞的正確意義。

而成的集合時，不可使用曖昧不清的字眼，必須明確說明「集合內包含了哪些元素」。「由 20 歲以上的人所組成的群體」是一個集合；但「由年輕人所組成的群體」此一敘述中，並沒有準確說明如何判斷一個人是否是年輕人，故不能算是一個集合。[3]

我們可以用 $A = \{1, 2, 3\}$ 這樣的形式來表示一個集合。以字母A代表一個集合，集合內包含的元素則寫在大括號內。除了將元素一一寫出之外，也可以寫成 $Z = \{z \mid z$為自然數$\}$ 這樣的形式，將集合內的元素符合的條件寫在大括號內。[4]用這種方式書寫，我們會以某個代號（這裡用的是 z）代表元素，並在豎線後寫出這個 z 符合哪些條件。若將這裡的小段直線讀做「其中」，應該會比較好理解吧。如果把前面提到的集合 A 改用這個方式書寫，則可寫成 $A = \{x \mid x$為3以下的自然數$\}$。

另外，「x 為 3 以下的自然數」這則敘述中，當 x 是一個具體的數字時，我們可確實判斷這則敘述是否正確。這樣的敘述稱作**命題**，命題正確時我們會說「命題為**真**」，命題錯誤時則可說「命題為**偽**」。所以，能夠「確實判斷命題是否正確」，就等於能夠「確定集合內有哪些元素」。舉例來說，若能確定「1 是 3 以下的自然數」的命題為真，就等於能確定「1 是集合 $A = \{x \mid x$ 為 3 以下的自然數$\}$的一個元素」。換句話說，如果設「x 為3以下的自然數」這個命題為「命題A」，那麼「使命題 A 為真的元素所組成的集合，就是集合 A」。

文氏圖是一種能夠使集合視覺化的工具。文氏圖中，會以「一個圈住元素的外框」來表示一個集合。比方說，前面提到的集合 Z 與集合 A，就可以畫成圖 2.3 的樣子。最外側的外框可用來表示集合 Z，裡面包含了「所有的自然數」；中間的圓形外框則可表示集合 A，裡面包含了「1, 2, 3」。

3　即使是「由年輕人所組成的群體」這種沒有明確說明「集合內有哪些元素」的集合，若能定義出「某元素屬於該群體的程度」，可在某種程度上將這個群體當作集合處理，稱為「模糊集」。

4　自然數指的是 1、2、3 這種可一一數下去的數字。相關概念將在第四章中詳細說明。

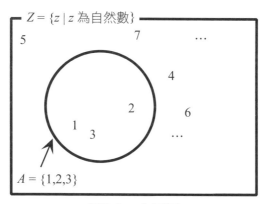

圖2.3 文氏圖

　　而圖 2.4 中的灰色部分，則是由「集合 Z 的元素中，不屬於集合 A 的元素」所組成的集合，也就是由「不在 3 以下的自然數」所組成的集合。這個集合稱作「集合 Z 中，集合 A 的**補集**」，可以表示為 $\overline{A}$ 或 A^c。「集合 A 的補集」簡單來說就是「不是 A 的集合」，而之所以會加上「集合 Z 中」這個敘述，是因為我們考慮的最大外框為集合 Z，也就是「考慮自然數的世界」的意思。這裡的 Z 稱作**全集**。

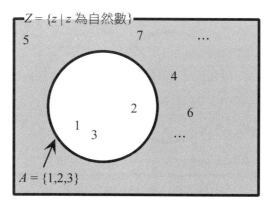

圖2.4 集合 Z 中，集合 A 的補集 $\overline{A}$

19

　　文氏圖能夠簡單明瞭地表現出兩個集合間的關係。舉例來說，若我們在圖 2.3 中加上 $B = \{x \mid x$ 為正偶數$\}$ 這個集合，即可成為圖 2.5 的樣子。

　　請思考一下，這個時候有哪些元素同時屬於集合 A 與集合 B。只有元素「2」符合這個條件，它也是$\{x \mid$「x 為 3 以下的自然數」且「x 為正偶數」$\}$這個集合的元素。若以文氏圖表示這個集合，則如圖 2.6 所示，相當於集合 A 所代表的區域與集合 B 所代表的區域重合的部分。這個集合稱作「集合 A 與集合 B 的交集」，寫作 $A \cap B$。

　　如前所述，考慮到命題與集合的關係，集合 $A \cap B$ 為能使「x 為 3 以下的自然數，且，x 為正偶數」此一命題為真的數的集合。也就是說，集合 $A \cap B$ 對應到邏輯的「且」（邏輯且）。

　　另外，考慮屬於集合 A「或」集合 B 的元素，可得到「1, 2, 3, 4, 6, …」等元素。這些是$\{x \mid$「x 為 3 以下的自然數」或「x 為正偶數」$\}$ 之集合的元素。若以文氏圖來表示這個集合，則可得到圖 2.7，這個集合相當於集合 A 的區域與集合 B 的區域連在一起後所得的部分。這個集合稱作「集合 A 與集合 B 的**聯集**」，寫作 $A \cup B$。

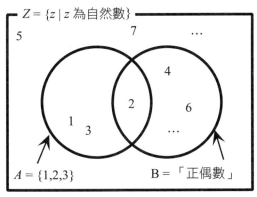

圖2.5　集合 A 與集合 B

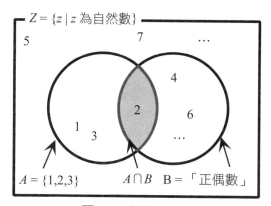

圖2.6　集合 $A \cap B$

　　考慮命題與集合的關係，集合 $A \cup B$ 為能使「x 為 3 以下的自然數，或，x 為正偶數」此一命題為真的數的集合。也就是說，集合 $A \cup B$ 對應到邏輯的「或」（邏輯或）。

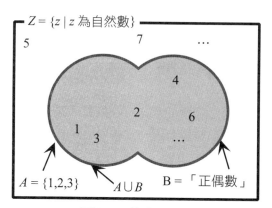

圖2.7　集合 $A \cup B$

　　如圖2.7中的文氏圖所示，數學中的「A 或 B」也包含了「A 且 B」。這和平時說話的感覺有些不同，請特別注意。當店員對我們說「本店有提供咖啡或紅茶」時，一般會認為店家提供的是「咖啡與紅茶兩者之一」，但在數學中「咖啡與紅茶兩者皆索取」並不違反店員

所說的話。

> **例題**　設全集為 $Z = \{z \mid z$ 為實數$\}$、集合 $A = \{x \mid x > 3\}$、集合 B
> $= \{x \mid x \leqq 2\}$，請寫出 $\overline{A}$、$A \cap B$、$A \cup B$。[5]

　　我們可以用數學式來表示一個集合。拿這個例題來說，$\overline{A}$ 為實數 x 中，不符合 $x > 3$ 這個條件的元素的集合，故可寫成 $\overline{A} = \{x \mid x \leqq 3\}$。

　　$A \cap B$ 是 A 與 B 重疊的範圍，但能同時符合 $x > 3$ 及 $x \leqq 2$ 這兩個條件的 x 並不存在。此時我們會用「空集」來描述這個「沒有任何元素的集合」，即「$A \cap B$ 為空集」。空集的代表符號為 $\varnothing$，故可寫成 $A \cap B = \varnothing$。$A \cup B$ 表示屬於 A 或屬於 B 的範圍，故可寫成 $A \cup B = \{x \mid x \leqq 2$ 或 $x > 3\}$。

2.4　回過頭來看「我不會做出無法實現的承諾」的意義

回到本章一開始講的這個數學邏輯，

「我不會做出無法實現的承諾」指的是「若做出承諾，這個承諾一定會實現」，但並沒有說一定會做出承諾。

讓我們用集合的概念再看一遍吧。

　　設全集 Z 為「某議員候選人的所有發言」、集合 A 為「某議員候選人做出的承諾」、集合 B 為「某議員候選人可以實現的承諾」。這麼一來，圖 2.8 中的灰色範圍，都不會違反議員候選人所說的「我不

5　實數包含了整數、小數點以下的位數有限的「有限小數」，以及小數點以下有無限位數的「無限小數」。我們將在第四章中說明這個概念。另外，不等號（$>$ 與 $\leqq$）將在 3.4 節中說明。$x > 3$ 是「x 比 3 大」的意思，而 $x \leqq 2$ 則是「x 在 2 以下」的意思。

會做出無法實現的承諾」這句話。也就是說，議員候選人的發言僅限於「不做出承諾的發言」與「做出可實現之承諾的發言」兩種。

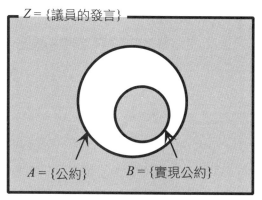

圖2.8 議員的發言範圍

讓我們來思考一下這個文氏圖想表達的邏輯吧。由這張圖我們可以看出，「若做出承諾，則這個承諾一定會實現」這種「若…則…」的關係，與「不做出承諾，或者只做出可實現的承諾」代表的是同樣的區域。也就是說，在數學邏輯中，「若 A 則 B」與「非 A 或 B」是同一件事。我們可以將「若 A 則 B」寫成 $A \to B$。如果把「非 A 或 B」也以邏輯式來表示，則可得到「$A \to B$ 與 $\bar{A} \cup B$ 意義相同」這個結論。

 練習問題

1. 請以文氏圖來表示，任何集合*A*與集合*B*之間必存在以下關係。

$$\overline{A \cap B} = \bar{A} \cup \bar{B} \tag{2.1}$$

$$\overline{A \cup B} = \bar{A} \cap \bar{B} \tag{2.2}$$

這又叫做**德摩根定律**。

2. 日本法律規定，[6]眾議院議員總選舉的候選人條件為

「日本國民，且滿25歲」的人

那麼，哪些人「不能成為眾議院議員總選舉的候選人」呢？

練習問題解說

1. 式（2.1）的等號左邊指的是 $A \cap B$「以外」的區域，也就是圖 2.9 的灰色區域。另一方面，等號右邊的集合 $\bar{A}$ 與集合 $\bar{B}$ 分別是圖 2.10 的 (a) 與 (b)。集合 $\bar{A} \cup \bar{B}$ 指的是在圖 2.10 的 (a) 為灰色，或在 (b) 中為灰色的區域，而這兩塊區域的聯集，正好與圖 2.9 的灰色部分，也就是 $\overline{A \cap B}$ 一致。

   另外，式（2.2）的等號左邊指的是 $A \cup B$「以外」的區域，也就是圖2.11的灰色區域。與上題相似，集合 $\bar{A} \cap \bar{B}$ 指的是在圖 2.10 的 (a) 為灰色，且在 (b) 中為灰色的區域，而這兩塊區域的交集，正好與圖 2.11 的灰色部分，也就是 $\overline{A \cup B}$ 一致。

2. 所求集合需否定日本國民，且滿 25 歲此一敘述。

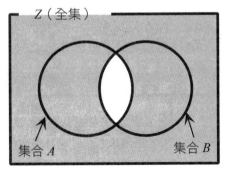

圖2.9　集合 $\overline{A \cap B}$

6　實際的公職選舉法有較為詳細的規定。

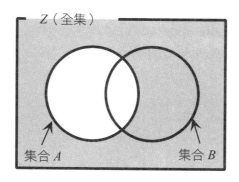

(a)

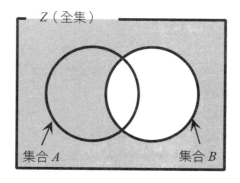

(b)

圖2.10　(a)集合 $\overline{A}$ 與(b)集合 $\overline{B}$

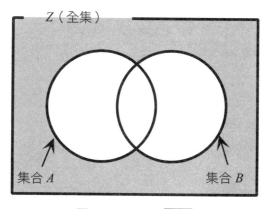

圖2.11　集合 $\overline{A \cup B}$

由德摩根定律，可得所求集合應由符合以下條件

不是日本國民，或未滿 25 歲的元素組成，故可得到

> 「不是日本國民，或未滿 25 歲」的人，不能成為眾議院議員總選舉的候選人

這樣的答案。需特別注意的是，

> 「不是日本國民，且未滿 25 歲」的人，不能成為眾議院議員總選舉的候選人

並不是正確答案。

第 **3** 章

希臘字母看起來好帥

3.1　數學與數學式內的字母：變數與常數

數學領域中，我們會用 x 或 y 等字母代替數字，寫成 $y = 2x + 3$ 之類的數學式。這些字母可以代換成各種數字。舉例來說，若將 $y = 2x + 3$ 中的 x 換成數字1，就可以計算出 y 為 $2 \times 1 + 3$，也就是 5。這種把字母換成數字的過程稱作**代入**，上面這個例子就是「將 x 以 1 代入」。而代入的數字，則稱作字母的**值**。我們可以用「x 的值為 1 時，y 的值為 5」來描述上面這個例子。

在我們閱讀由各個字母組成的數學式時，若能先掌握每個字母分別代表什麼意思，為什麼要這樣用，比較能夠理解數學式想表達的意義。這種「可以換成數字的字母」可分為兩種。

其中一種是「數學式裡的這個字母在實際解題時，被帶入的數值從一開始一直到解題結束都不會改變」；另一種是「數學式裡的這個字母在實際解題過程中時，代表的數值會一直改變」。前者稱作**常數**，後者稱作**變數**。

比方說，在我們蒐集到統計用的資料後，需由 n 個數值 x_1, x_2, $\cdots$, x_n 求出平均值 $\bar{x}$，計算方式為，

$$\bar{x} = \frac{x_1 + x_2 + \cdots + x_n}{n} = \frac{1}{n} \sum_{i=1}^{n} x_i \qquad (3.1)$$

我們將在4.5節中詳細說明這條數學式中的「Σ」符號。簡單來說，這就是將 x_i 的 i 從 1, 2, 3, $\cdots$ 逐漸增加至 n，然後把這些數加起來的意思，與 $x_1 + x_2 + \cdots + x_n$ 的意義相同。

Σ 代表總和的意思

　　欲計算實際數值的平均值時，數值的個數 n 與 $x_1, x_2, \cdots, x_n$ 等數值在計算前就已經知道是多少。另一方面，i 在計算過程中會一直改變，1, 2, 3, $\cdots$ 逐漸加上去。故 n 與 $x_1, x_2, \cdots$ 等是常數，i 是變數。

　　上例中，變數 i 的值會依照 1, 2, 3, $\cdots$ 的順序改變，不過變數的值有很多種，不一定會照著順序變化。統計學中甚至有數值會隨機變化的變數，又叫做「隨機變數」，在統計學中扮演著很重要的角色。我們將在第 10 章中說明這種變數。

> **例題**　以下題目所列出的數學式中的各個字母，哪些是變數？哪些是常數？
>
> 設三角形的底邊為 x、高為 y，則面積 S 可以表示成 $S = \dfrac{1}{2} xy$。若現在有某個三角形的底邊為 a、高為 b，試求其面積 S。

三角形的「底邊」與「高」是每個三角形都有的東西，且每個三角形的底邊與高皆各不相同。換句話說，x 指的並不是某個特定三角形的「底邊」，而是泛指所有三角形的「底邊」，同樣的，y 泛指所有三角形的「高」。故 x、y，以及由這兩者計算出來的面積 S 皆為變數。另一方面，「某個三角形的底邊為 a、高為 b」的敘述顯示，這裡要談的是一個特定的三角形，而這個三角形的底邊為 a、高為 b，故 a、b 是常數。

3.2　「＝（等號）」的各種意思

　　數學中的**等號**「＝」有著「＝左右兩邊的東西彼此相等」的意義。不過，有的時候用其他方式來唸這個等號，比較能夠理解它的意思。

　　小時候，我們會把「$2 \times 2 = 4$」讀做「二二『得』四」。這裡的『得』有著「2×2 在計算後，可得到 4」的意思，表示當我們處理過某個東西後，可「得到」另一個東西。同樣的，前面提到用來計算平均的數學式中：

$$\bar{x} = \frac{x_1 + x_2 + \cdots + x_n}{n} = \frac{1}{n} \sum_{i=1}^{n} x_i \qquad (3.2)$$

中，我們可以理解成，經過等號右邊的 $\frac{x_1 + x_2 + \cdots + x_n}{n}$ 與 $\frac{1}{n} \sum\limits_{i=1}^{n} x_i$ 等方式計算後，可「得到」用來表示平均的 $\bar{x}$。

　　數學領域中也常出現「令 $x = a$」的敘述。這是「假設變數 x的值為常數 a」的意思。本章一開始有提到「將 $y = 2x + 3$ 中的 x 換成數字 1」這樣的例子，通常我們會用「將 x 以 1 代入」或「令 $x = 1$」來表示這個動作。

　　此外，我們也常可看到一種與「=」相似的符號，那就是由三條橫線組成的「$\equiv$」。這是「定義」的意思，用來說明首次出現的未知數字母是什麼意思。

3.3　等號與方程式

　　數學式中若有等號則稱作**等式**，**方程式**即是一種常見的等式。方程式是含有變數的等式，變數的值改變時，該等式可能會正確，可能會錯誤。等式正確時，數學上稱作該方程式**成立**。而求出能使方程式成立的變數數值，稱作**解**方程式，此時變數的值則稱作方程式的**解**。

　　舉例來說，方程式 $2x + 3 = 7$ 有一變數 x。當我們將式中的 x 換成數字 2 時，等號左邊會變成 $2 \times 2 + 3$，也就是 7，與等號右邊相等，故 $x = 2$ 是方程式 $2x + 3 = 7$的解。[1]

1　這個方程式中的「$2x$」表示「2 乘上 x」的意思。乘號在一般的計算中通常會省略，

在解方程式的時候，需依某些方式操作等式，將其轉變成 $x = \cdots$ 的形式。這樣的操作稱為**方程式變形**，常用的變形方式包括**移項**與**常數倍**。

例如，在解 $2x + 3 = 7$ 這條方程式時，首先需在等號左右兩邊同時減去 3。由於等號兩邊本來就相等，所以在同減 3 之後，等號還是會成立。也就是 $2x + 3 - 3 = 7 - 3$，接著可得到 $2x = 7 - 3$，即 $2x = 4$。看起來就像是把等號左邊的 $+3$ 變號以後移到等號右邊成為 -3，這就叫做「移項」。

接著在 $2x = 4$ 的等號左右兩邊同時乘上 $\frac{1}{2}$。由於等號兩邊本來就相等，所以在同時乘以 $\frac{1}{2}$ 之後，兩邊還是會相等。也就是 $2x \times \frac{1}{2} = 4 \times \frac{1}{2}$，這就叫做「常數倍」。計算後可得 $x = 4 \times \frac{1}{2}$，即 $x = 2$，得解。另外，等號左邊與等號右邊合稱「兩邊」，故以上操作又稱作「兩邊同乘 $\frac{1}{2}$」或「兩邊同除以 2」。

例題　求方程式 $\frac{1}{2}x - 1 = \frac{1}{3}$ 的解。[2]

將等號左邊的 -1 移項可得到 $\frac{1}{2}x = \frac{1}{3} + 1$，整理一下可得 $\frac{1}{2}x = \frac{4}{3}$。再將等號兩邊同乘 2，便可得到 $x = \frac{8}{3}$。

在這個解法中，我們「將 $\frac{1}{2}x = \frac{4}{3}$ 的等號兩邊同乘2」，這個步驟也可視為將等號左邊的分母2移到等號右邊成為分子，這樣想應該比較好理解。

只有當我們想強調這裡的乘法運算，或者是省略乘號時會引起誤解時，才會寫出乘號，如 2×3。或者也可改用「·」，寫成 $2 \cdot 3$。

[2]　一般的數學教科書中常會將這類問題寫成「試求方程式～的解。」或許有人會想問，為什麼題目要用這種高高在上的形式來寫呢？這是因為，數學在書寫上是一門追求「簡潔」的學問，所以還請各位原諒這點。

3.4 不等號與不等式

不等式是用來表示數值、常數、變數間的大小關係的數學式，其中用來表示大小關係的符號叫做**不等號**。像是 $x < y$ 就表示 x 與 y 之間有著「x 比 y 小」或「y 比 x 大」的關係。若寫成 $x \leq y$，則代表「x 在 y 以下」或「y 在 x 以上」的意思。另外，$\geqq$ 和 $\geq$ 的意思相同、$\leqq$ 和 $\leq$ 的意思相同。

當使用兩個不等號，寫成「$a \leq x \leq b$」的時候，則代表「x 在 a 以上，b 以下」的意思，是一種表示範圍的方式。

處理用等號連接左右兩邊的等式時，在兩邊加上同樣的數、減去同樣的數，或者是乘上同樣的數、除以同樣的數，等式仍會成立。我們在前一節中就是利用這樣的性質來解方程式的。不過，在解不等式時，情況稍有不同。

不等式在同加和同減時與等式相同，不等號的兩邊加上同樣的數，或減去同樣的數時，該不等號仍會成立。舉例來說，$3 < 5$ 的不等式成立，而 $3 + 2 < 5 + 2$ 與 $3 - 2 < 5 - 2$ 也會成立。不過在同乘或同除時，不等式需依循「若等號兩邊乘上同樣的負數，或者除以同樣的負數，則不等號的方向會改變」這個規則。比方說 $3 \times (-1) = -3$、$5 \times (-1) = -5$，而 $3 < 5$，但 $3 \times (-1) > 5 \times (-1)$。除法也一樣，$3/(-1) = -3$、$5/(-1) = -5$，而 $3 < 5$，但 $3/(-1) > 5/(-1)$。

例題　若變數 x 可使不等式 $-2x + 3 < 5$ 成立，試依前文中說明的不等式操作方式，求出 x 的範圍。

將 $-2x + 3 < 5$ 的兩邊同減 3，得到 $-2x < 2$。再將兩邊同除以 -2，由於 -2 是負數，故不等號的方向需倒過來，得到 $x > -1$，這就是 x 的範圍。

這個例題的操作過程就是在「**解**不等式 $-2x + 3 < 5$」。而最後可得到所求 x 的範圍為「$x > -1$」，這就是不等式 $-2x + 3 < 5$ 的**解**。

3.5 為什麼要用希臘字母呢？

如前所述，在數學領域中，我們會用 x、y 等字母來取代數字。除了用這些大小寫拉丁字母之外，數學領域中也很常使用「希臘字母」。這是因為變數與常數種類非常多，拉丁字母的數量遠遠不夠。而且我們常習慣用某個特定的希臘字母來表示某個特定的數。比方說高中數學中常出現的圓周率就是用 π（pi）來表示，而 θ（theta）則常用來表示角度。此外，數學領域中也常使用拉丁字母的書寫體（如 $\mathcal{F}$）、德文尖角體（如 $\mathcal{R}$）、希伯來字母（如 $\aleph$）來代表數字。

統計學中，當我們「沒辦法蒐集到所有的資料，故算不出某個數字，只能試著推論這個數字的值時」，就會傾向使用希臘字母來表示這個數。舉例來說，我們可以測量數名日本男性的身高，並以 m 來表示他們身高的平均值。但要調查「所有日本男性身高的平均值」卻是件很困難的事，故會用 μ（mu）來表示這個值。

或許因為希臘是歐美文明的源頭，故希臘字母總給人一種「看起來很帥」、「很有神秘感」的感覺。這就像是「難讀漢字」給日本人的感覺一樣。[3]

以下將依序說明每個希臘字母在數學與科學中有什麼意義。我們會列出每個希臘字母的小寫、大寫，以及英語的唸法。

3　某些人會把日語中的「yoroshiku（請多指教）」寫成漢字的「夜露死苦」。我覺得也是出於這種心理。

α, A（alpha）

> 相當於拉丁字母的 A，是希臘字母的第一個字母。在
> 數學、物理學中有很多意思。而在統計學中會用 α 來
> 表示「顯著水準」，我們將在第 12 章中介紹這個概
> 念。

β, B（beta）

> 相當於拉丁字母的 B，是希臘字母的第二個字母。
> 在現代希臘語中，這個字母不是發 b 的音，而是發 v
> 的音。「alphabet」這個字就是由希臘字母中的第一
> 個字母「alpha」與第二個字母「beta」所組成的。
> 在統計學中，會用 β 來表示「型二錯誤的機率」，
> 不過本書不會詳述這個概念。另外，德文字母中的 ß
> （eszett）和 β 很像，卻是另一個字母。

γ, Γ（gamma）

> 相當於拉丁字母的 G。數學領域中的「Γ 函數」是將
> 階乘（自然數的階乘是所有小於等於該數之自然數的
> 乘積。譬如說 5 的階乘為 $5 \times 4 \times 3 \times 2 \times 1$）一般化，
> 使其適用於實數的函數。另外，物理學中有所謂的 α
> 射線、β 射線、γ 射線。要特別注意的是，手寫 γ 容
> 易與拉丁字母中的 r 搞混，故手寫 γ 時務必要突顯出
> 正上方的開口。

δ, Δ（delta）

相當於拉丁字母的 D。數學領域中，若將 Δ 寫在變數
的前面，就表示「該變數的變化」。舉例來說，若有
一個變數為 x，則 Δx 指的就是「變數 x 的變化」。Δ
之所以會有這個意思，是來自於英文中 "difference"
的首字母。在數學以外的領域中，delta 也會用來表示
三角形的東西。像是河口的三角洲也叫作「delta」，
飛機的三角形機翼也叫做「delta wing」。

ε, E（epsilon）

相當於拉丁字母的 E。數學領域中，會用 ε 來表示
「非常小的正數」，或者是「無限接近 0 的正數」。
舉例來說，$x + \varepsilon$ 指的就是「比 x 還要大一點點」的
數。有時會和等一下會介紹的 υ（ypsilon）搞混，不
過在數學領域中 ε 使用的頻率遠遠多過 υ。另外，ε
有時也會寫成另一種字體 $\in$，兩者的意思是一樣的。

ζ, Z（zeta）

相當於拉丁字母的 Z。數學領域中的「黎曼 ζ 函數」
是一個與剛才提到的「Γ 函數」關係密切的函數。另
外，若變數 z 有特別的意義，有時會改以希臘字母 ζ
來表示。

η, H（eta）

H 與拉丁字母中的大寫 H 形狀相同，也是拉丁字母
H 的原型，然而 H 在現代希臘語中卻是發 i 的音。雖
然本書中不會講到，不過統計學中，在探討數量資料
與類別資料之間的關聯，如「客戶年齡與購入商品
種類之間的關係」時，會用 η^2 來表示所謂的「相關
比」。

θ,Θ（theta）

　　拉丁字母中沒有與 θ 對應的字母，而是以 th 兩個字母來表示。數學領域中常用 θ 來表示角度變數。有時會寫成另一種字體 θ，意思是一樣的。不過在數學中比較常用到 θ 這種字體。另外，在音標（國際音標，IPA）中，英語 "thing" 的 th 的發音會以[θ]表示。

ι,I（iota）

　　相當於拉丁字母的 I 與 J。數學領域中可用來表示「包含映射」，不過本書不會提到這個概念。

κ,K（kappa）

　　相當於拉丁字母的 K，不過要注意小寫 κ 與 k 的形狀有些微差異。數學領域中很多地方會用到這個字母，且當變數 k 有特別意義時，會改以對應的希臘字母 κ 表示。

λ,Λ（lambda）

　　相當於拉丁字母的 L。請特別注意它在英文裡的拼法。數學領域中有許多變數與常數會使用這個希臘字母來表示。而在物理學領域中，會用 λ 來表示與長度相關的物理量，如波的「波長」等。

μ,M（mu）

　　相當於拉丁字母的 M。如前面提到的例子一樣，統計學中常使用 μ 來表示平均值或「期望值」。

ν,N（nu）

　　相當於拉丁字母的 N。統計學中會用 ν 來表示「自由度」，我們將在本書第 12 章中說明什麼是自由度。而在物理學中，會用 ν 來表示波的「波數」。要特別注意的是，小寫 ν 與拉丁字母中的 v 與 u 很像。手寫 ν 的時候，要突顯出下方的尖角。

ξ, Ξ（xi）

> 相當於拉丁字母的 X。數學領域中，當變數 x 有特別
> 意義時，可能會改以對應的希臘字母 ξ 表示。小寫 ξ
> 是一個手寫難度比較高的字母。

o, O（omicron）

> Omicron是「比較小（micro）的 O」的意思。由於和
> 拉丁字母中的 O 的形狀相同，故在數學領域中不會
> 特別去使用這個希臘字母，不過用來表示函數漸進上
> 界的「order」寫作 O 或 o，原本指的就是希臘字母的
> O。

π, Π（pi）

> 相當於拉丁字母的 P。如前所述，小寫的 π 在數學領
> 域中是圓周率的意思；而大寫 Π 這個符號在數學領域
> 中則被當作是一種運算方式。請參考後面的練習問
> 題。

ρ, P（rho）

> 相當於拉丁字母的 R。請特別注意小寫的 ρ 與拉丁字
> 母的 p 形狀有著些微差異。在手寫 ρ 的時候，須從下
> 方寫起，且一筆寫完。數學領域中很多地方都會用到
> 這個字母，而在物理中較常用於表示「密度」。

σ, Σ（sigma）

> 相當於拉丁字母的 S。我們在3.1節中曾提過用以表示
> 總和的符號「Σ」，就是來自這個希臘字母的大寫。
> "summa" 是拉丁語「總和」的意思（相當於英語中
> 的 "summation"），故以其首字母 S 所對應的希臘
> 字母 Σ 來表示加總運算。我們將在4.5節中詳細說明
> 這種運算方式。另外，統計學中會以小寫的 σ 來表示
> 標準差，而平方後的 σ^2 就是所謂的變異數。順帶一
> 提，另一種小寫字體為 ς。希臘文中，若單字的最後
> 一個字是 σ，就會改寫成 ς，不過這種寫法很少在數

學領域中看到。

τ, T（tau）

相當於拉丁字母的 T，不過小寫的 τ 與拉丁字母中的 t 有著些微差異，卻與大寫的 T 比較接近。當變數 t 有特別意義時，可能會改以對應的希臘字母 τ 表示。由於 t 常用來表示時間（time），故 τ 通常也會用來表示時間。

υ, Υ（ypsilon）

相當於拉丁字母的 Y，不過在數學領域中很少看到這個字母。德語將 Y 這個字母唸做 ypsilon，法語則將 Y 這個字母唸成 i-grec（意為希臘的 i）。拉丁字母中的 V 也是來自這個字母，而 U 和 W 是從 V 衍生出來的字母，故這個希臘字母可說是 U、V、W、Y 等四個字母的原型。

ϕ, Φ（phi）

拉丁字母中沒有與 ϕ 對應的字母，而是以 ph 兩個字母來表示。不過拉丁字母的 F 可對應到西里爾字母（俄羅斯語所使用的字母）中的 Φ。數學領域中，除了用 θ 來表示角度之外，也會用 ϕ 來表示角度，且小寫時也常寫成 ϕ。另外，表示空集（不含任何元素的集合）的 $\varnothing$ 與希臘字母的 ϕ 是不同的符號，請特別注意。

χ, X（chi）

拉丁字母 X 的原型，但小寫的 χ 與 x 有些微差異。要注意的是，拉丁字母的 X 對應的其實是希臘字母的 ξ, Ξ（xi），而在拉丁字母中，則是以 ch 或 kh 來表示希臘字母 χ。雖然本書不會提到，不過在統計學中有所謂的「χ^2 分配」，讀作「kai 平方分配」。片假名有時會把它寫成「ki」，不過數學上一般是唸成「kai」。

ϕ，Ψ（psi）

> 拉丁字母中沒有與 ϕ 對應的字母，而是以 ps 兩個字母來表示。物理學領域中，常用 Ψ 來表示量子力學中的「波函數」。數學領域中則常用來表示一個函數。另外要特別注意的是，ϕ、Ψ 與前面介紹的 ϕ，Φ（phi）是不同字母。

ω，Ω（omega）

> ω 是希臘字母的最後一個字母，有著「比較大（mega）的 O」的意思。常用來表示「全體」的意思。在第 9 章談到機率時，會用 Ω 來表示「全事件」。"omnis" 是拉丁語「所有」的意思，故以其首字母所對應的希臘字母 Ω 來表示這個意思。小寫的 ω 在數學領域中有許多意思，「方程式 $x^3 = 1$ 的解（1 的三次方根）」便是其中之一。[4] 注意在手寫 ω 的時候，不要和拉丁字母的 w 搞混。

 練習問題

1. 如本章說明所示，3.1 節中出現的「Σ」是用來表示總和的符號。舉例來說，$\sum_{i=1}^{n} x_i$ 與 $x_1 + x_2 + \cdots + x_n$ 是同樣的意思，我們將在 4.5 節中詳細說明這個符號的用法。那麼，如果把這裡的希臘字母從 Σ 改成 Π，寫成 $\prod_{i=1}^{n}$，又是代表什麼意思呢？請試著查查看。

2. 求不等式

$$-2 \leqq \frac{50 - x}{10} \leqq 2 \qquad (3.3)$$

的解。

4　筆者在課堂上常提到「ω 是原本就有的希臘字母，不是為了寫出（´・ω・`）這樣的表情符號而發明出來的東西」。

（提示：此不等式中雖有兩個不等號，但可將其拆成 $-2 \leq \dfrac{50-x}{10}$ 與 $\dfrac{50-x}{10} \leq 2$ 這兩個不等式來看，再參考例題的解法，就能解出答案了。）

3. 日語中有著「plus α」的慣用語，請試著查查看這個慣用語的意思。

練習問題解說

1. 「$\prod$」是用來表示連乘的符號。舉例來說，「$\left(\prod\limits_{i=1}^{n}\right)$」指的就是 $x_1 \times x_2 \times \cdots \times x_n$ 的意思。

2. 將（算式）的各部分乘以 10 倍，可得到 $-20 \leq 50 - x \leq 20$。再將各部分減去 50，可得到 $-70 \leq -x \leq -30$。

   接著各部分同乘 -1。由於 -1 是負數，故乘完以後不等號的方向需倒過來，得到 $70 \geq x \geq 30$。雖然這也勉強可以當作這個方程式的解，但習慣上我們會把較大的數字寫在右邊，故會再把這個答案左右顛倒，得到 $30 \leq x \leq 70$。順帶一提，在第十二章的「區間估計」中，會再次說明本題題目的不等式為什麼要這樣寫。

3. 「plus α」在日語中是「再添加一些些」或「添加了一些些東西後的事物」的意思。舉例來說，「薪水是 3 萬日圓 plus α」的意思就是薪水比 3 萬元多一點點的意思。

   這裡的「plus α」是只有日本人聽得懂的「和製外來語」。之所以會有這種表現方式，有人說是因為「日本人在國外有時會看到 "$+x$" 的寫法，但卻把 x 的手寫體看成為 α，帶進日本時就成為 "$+\alpha$"」。雖然不曉得這種說法是否正確，但當 x 寫得很潦草的時候，x 的左邊看起來就像連在一起一樣，所以這種說法或許也有一定的可信度。另外，要是沒有好好畫出 α 的圓弧部分，只畫出細長的圓圈，也容易被誤認為 γ。

   希臘字母並不是一般常用的字母，所以在手寫時，一定要把這些字母寫清楚，讓人容易閱讀。

第 **4** 章

加法→乘法→次方，逐漸演進的計算方法

4.1　計算方式的發展

　　你還記得小時候是在什麼樣的情況下學到**數**的概念的呢？雖然應該有很多人會想「那麼久以前的事早就忘了吧」，但我猜大家應該是從「數某些東西的個數」開始認識「數」的吧。就筆者來說，是在「扳手指頭數自己泡在浴缸裡的時間」或「新年時數橘子個數」的時候認識到數的。

　　在人類的歷史中，以前的人們應該也是一邊扳著手指頭數數，一邊嘴巴上說著「一、二、三、…」，一一為每個數字命名才對。一般認為，現在我們之所以會用「十進位」來數數，每數到 10 分成一堆，把 11 當作「10 和 1」、把 21 當作「2 個 10 和 1」，就是因為人的手指有十隻的關係，每數到 10 就得分出一堆來才能繼續數新的數。1, 2, 3, …之類的數稱作**自然數**，這些是「數數用的數」，也是在開始認識數字時，能自然而然數出來的數。

　　人們學會數數之後，就發展出了**加法**。如圖 4.1 所示，當我們想知道兩組東西共有多少個時，原本應該要混在一起重新數一次數量；不過當人們會用「加法」之後，若一開始就知道兩組東西分別有多少個，那麼把這兩個數加起來就可以得到總和了。

　　加法省下了許多重數的工夫，同樣的，**乘法**也省下了許多連續加的工夫。如圖 4.2，假設有一堆東西是由好幾個數量相同的群組組成，那麼在算這些東西的總和時，與其把每個數都加起來，不如把每個組的個數乘上組數，這樣會快很多。

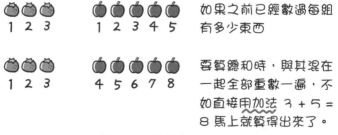

圖4.1　從數數到加法

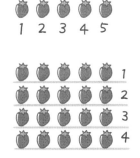

先數一組有幾個…

有四個相同的群組，要算
總和時，與其用 5 + 5 +
5 + 5 的方式計算，不
如直接用乘法 5 × 4 =
20 馬上就算得出來了。

圖4.2　從加法到乘法

　　「與其重數一遍不如用加法」、「與其用加法不如用乘法」，依此類推，應該可以聯想到「與其用乘法不如用別的方式計算」這樣的想法。於是人們發展出了**次方**的概念，像 2^3 就代表「將 3 個 2 相乘」的意思，也就是 $2 × 2 × 2$。在這個例子中，像「3」這種用來表示相乘次數的數字就叫做**指數**。

4.2　逆運算與平方根

　　如前節所述，人類依照「數數」→「加法」→「乘法」→「次方」的順序，逐漸拓展計算的概念。而且，針對每一種計算方式，人們可以「從計算結果回推計算前的數字」。舉例來說，就 $2 + 3 = 5$ 這則加法運算來說，我們可以寫出 $x + 3 = 5$ 這條式子，再經計算求出 x。如同我們在前一節的「方程式」中所說的，我們可以由 $x = 5 - 3$ 這樣的**減法**運算來求出這裡的 x。而這裡我們用來表示變數的字母 x，又稱作**未知數**。

　　就算是像 $x × 3 = 6$ 這樣的乘法運算，我們也可以藉由 $x = 6 ÷ 3$ 的**除法**運算來求出 x。[1]像這種減法之於加法，或除法之於乘法的關係，就叫做**逆運算**。

1　數學領域中其實很少用到除法算符 $÷$。$6 ÷ 3$ 常會寫成 $\frac{6}{3}$ 或 6/3 的形式。本書也會把除法寫成分數形式。

　　那麼次方的逆運算又是什麼呢？答案是**次方根**。次方根中最常看到的是**平方根**，像是「滿足 $x^2 = 2$ 的 x 是多少呢？」這樣的問題，就等於在問「平方之後會等於 2 的數是多少」，而這個數就被稱作是 2 的平方根。

　　由於 $2^2 = 4$，故可能有人會認為「4 的平方根為 2」，但事實上這個敘述不完全正確。因為 $(-2)^2 = (-2) \times (-2) = 4$，故 -2 也是 4 的平方根之一。也就是說，「4 的平方根為 ± 2」這樣的敘述才是正確的。

　　那麼，「滿足 $x^2 = 2$ 的 x」，或者說「2 的平方根」又是多少呢？與 4 的平方根不同，2 的平方根並不是整數，無法寫成簡單的數字，故會用 $\sqrt{2}$ 這樣的符號來表示，唸作「根號 2」。不過要注意的是，$\sqrt{2}$ 是「2 的平方根中的正平方根」，故「2 的平方根是 $\pm\sqrt{2}$」這樣的敘述才是正確的。

　　而「滿足 $x^3 = 2$ 的 x」就是「2 的三次方根」，也可稱作立方根，可以用符號表示為 $\sqrt[3]{2}$。將其一般化，可得「n 次方後可得到 a 的數」，稱作「a 的 n **次方根**」，可以用符號表示為 $\sqrt[n]{a}$。

　　統計學中，平方與平方根是很常出現的計算。其中，$\sqrt{2}$ 等於 1.41421356⋯是一個無限小數。而且 $\sqrt{2}$ 和 $\dfrac{10}{11} = 0.909090\cdots$這種重

複出現特定數字的的無限小數不同，是一個**無理數**。圓周率 $\pi =$ 3.1415265…也是一個無理數。相對於此，包括整數、位數有限的小數（有限小數），以及剛才提到的 $\dfrac{10}{11}$ 這種雖然是無限小數，卻可以寫成分數形式的小數（循環小數），皆屬於**有理數**。有理數與無理數合稱為**實數**。本書會講到的數皆在實數的範圍內。

4.3　指數的推廣

談到指數，請試著想想看下面這個例題。

例題　請依序計算出以下幾個與指數有關的題目。

1. $2^2 \times 2^3$
2. 2^{-1}
3. $(2^3)^2$
4. 2^{-2}
5. 2^0
6. $2^{\frac{1}{2}}$

---

1. 2^2為 2×2，即「2 自乘 2 次」；而 2^3 為 $2 \times 2 \times 2$，即「2 自乘 3 次」。故 $2^2 \times 2^3$ 為 $(2 \times 2) \times (2 \times 2 \times 2)$，即「2 自乘 $(2 + 3)$次」，也就是 2^{2+3}。若將其一般化，可得

$$a^m \times a^n = a^{m+n} \tag{4.1}$$

故「同底相乘，指數相加」。

2. 考慮 $2^2 \times 2^{-1}$的計算，由1.的規則我們知道，$2^2 \times 2^{-1} = 2^{2+(-1)} = 2^1$。由於 $2^2 = 4$、$2^1 = 2$，故可推論出 $2^{-1} = \dfrac{1}{2}$。

3. 2^3 為 $2 \times 2 \times 2$，即「2 自乘 3 次」。這個數的平方就是讓 2^3 這個數自乘 2 次，得 $(2 \times 2 \times 2) \times (2 \times 2 \times 2)$，即「2 自乘 (3×2)次」，也就是 $2^{3 \times 2}$。若將其一般化，可得

$$(a^m)^n = a^{mn} \tag{4.2}$$

故「次方的次方，指數相乘」。

4. 考慮 $2^{-2} = 2^{2 \times (-1)}$，由 3. 可知 $2^{2 \times (-1)} = (2^2)^{-1}$。再由 2. 可知 $(2^2)^{-1} = \dfrac{1}{2^2}$。若將其一般化，可得

$$a^{-m} = \frac{1}{a^m} \qquad (4.3)$$

5. 考慮 $2^0 = 2^{1 + (-1)}$，由 1. 可知 $2^{1 + (-1)} = 2^1 \times 2^{-1}$。再由 2. 可知 $2^1 \times 2^{-1} = 2 \times \dfrac{1}{2} = 1$。若將其一般化，可得 $a^0 = 1$。不過，一般而言不會定義 0^0 是多少。

6. 考慮 $(2^{\frac{1}{2}})^2$，由 3. 可知 $(2^{\frac{1}{2}})^2 = 2^{\frac{1}{2} \times 2} = 2^1 = 2$。而 $2^{\frac{1}{2}}$ 是「平方後會得到 2」的數，也就是 $\sqrt{2}$。雖然 $-\sqrt{2}$ 平方以後也會得到 2，不過，數學上定義 $2^{\frac{1}{2}}$ 就是 $\sqrt{2}$。將其一般化，當 a 為正數時，$a^{\frac{1}{m}}$ 指的就是「m 次方後會得到 a 的數」，也就是 $\sqrt[m]{a}$。

4.4　對數

　　在 4.2 節中，我們試著思考了「滿足 $x^2 = 2$ 的 x 是多少」。本節中，讓我們改將未知數放到指數的位置，比方說「滿足 $2^x = 8$ 的 x 是多少」。這裡的 x 是 3，也就是說「可使 2 在自乘 x 次後會得到 8 的指數 x 為 3」。這種將焦點放在指數 x 上的描述方式，講的就是我們接下來要說的**對數**。

　　「可使 2 在自乘 x 次後會得到 8 的指數 x」可寫做 $\log_2 8$，唸成「以 2 為**底數**之 8 的對數」。換言之，$\log_2 8 = 3$。若將其一般化，可得

$$\text{當 } a^x = b \text{ 時}, \ x = \log_a b \qquad (4.4)$$

log 為 "logarithm" 一詞的縮寫，可直接讀做「log」。[2]另外，上式中

2　英語的 logarithm 源自於拉丁語造詞 "logarithmus"，是由希臘語的 logos（ = reckoning, ratio，計算、比例之意）與 arithmos（ = number，數之意）所組成的。（引用自 Oxford English Dictionary）

的 b 稱做**真數**。

讓我們試著用對數來說明前一節例題中提到的指數計算規則吧。例題 1. 的式（4.1）中提到「同底相乘，指數相加」，我們可試著用對數來表現這個概念。

由式（4.1），也就是 $a^m \times a^n = a^{m+n}$ 的關係，可知

$$令\ p = a^m,\ q = a^n\ 則\ pq = a^{m+n} \tag{4.5}$$

而依照剛才在式（4.4）中所描述的對數定義，我們可將式（4.5）中的指數分別改寫成對數，得

$$m = \log_a p,\ n = \log_a q\ ，且\ m + n = \log_a pq \tag{4.6}$$

因此

$$\log_a p + \log_a q = \log_a pq \tag{4.7}$$

這條式子對應「真數相乘（pq），對數相加（$\log_a p + \log_a q$）」的概念。也就是說，使用對數計算時，可以「將乘法改為加法」。

而例題 3. 的式（4.2）所提到的「次方的次方，指數相乘」關係也可用對數來表現。與剛才的步驟相同

$$令\ p = a^m，則\ m = \log_a p \tag{4.8}$$

由 $p = a^m$，可得 $p^n = (a^m)^n$。再由式（4.2），可得 $(a^m)^n = a^{mn}$ 這樣的關係。也就是說，$p^n = a^{mn}$。由式（4.4）的對數定義，可知

$$令\ p^n = a^{mn}，則\ mn = \log_a p^n \tag{4.9}$$

再將式（4.8）中所提到的 $m = \log_a p$ 代入式（4.9），可得

$$n \log_a p = \log_a p^n \tag{4.10}$$

這條式子對應到的是「真數 n 次方（p^n）的對數，等於 n 乘上真數的對數（$n \log_a p$）」的概念。換句話說，經對數處理後，可以「將次方改為乘法」。

　　本章開頭有講到運算方式的演進，而在經對數處理後，「次方→乘法」、「乘法→加法」，我們可以把運算方式回推一個階段。歸根究柢，之所以會發明對數，是因為那個年代還沒有電子計算機，故需將大數之間的乘法運算改寫為加法運算。

　　另外，考慮以 10 為底的對數，由於 $\log_{10} 10x = \log_{10} 10 + \log_{10} x$，故若將真數變為 10 倍，相當於將對數加上 $\log_{10} 10$。$\log_{10} 10$ 為「以 10 為底之 10 的指數」，即 1。像這種「將某數變為數倍，相當於將與其對應的指數加上 1」的概念，與人類在某些方面的感覺不謀而合。

　　舉例來說，1 等星、2 等星…之類的星等分級，源自於古希臘天文學家喜帕恰斯（Hipparchus）的敘述「將最明亮的星星訂為 1 等星，肉眼勉強可見的星星訂為 6 等星，一共分成 6 個星等」。在發明出能夠測量星光亮度的機器後，將星等的定義重新整理為以下兩點。

- 1 等星的亮度為 6 等星的 100 倍。
- 每提升一個星等，亮度變為原先亮度的固定倍率，而非增加固定亮度。

　　假設每提升一個星等時，亮度變為原先亮度的 x 倍。而 1 等星的亮度為 6 等星的 100 倍，中間有 5 個等級，即 $x^5 = 100$。由此可知 $x = 100^{\frac{1}{5}} = \sqrt[5]{100} = 2.5118\cdots$。如圖 4.3 所示，每提升一個星等，星星的亮度約提升 2.512 倍。這就是將喜帕恰斯用他自己的眼睛所分出來的 6 個星等，改以對數的方式重新定義為「亮度每提升 2.512 倍時，提升一個星等」。

　　若以這種概念畫出座標軸，使座標軸「每增加一個刻度時，並非增加固定量，而是變為原刻度的一定倍率」，就叫做**對數尺度**。圖 4.4 取自第 8 章的練習問題，這兩張圖表示的都是「售出台數每年增為前一年的兩倍」。不過 (b) 的縱軸用的是對數尺度，「每增加一個刻度時，變為原刻度的兩倍」，故當我們用這個座標圖來表示「售出台數每年增為前一年的兩倍」的資料時，可得到一條直線。

圖4.3　星等

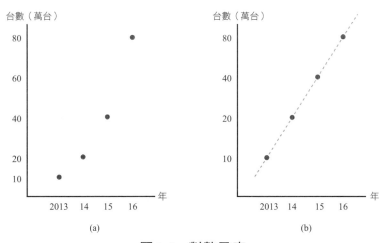

圖4.4　對數尺度

這裡讓我們先換個主題，來談談用來表示相加的符號「Σ」。

在前一章的 3.1 節中我們也有提到，求 $x_1, x_2, \cdots, x_n$ 之平均的過程可寫成以下數學式。

$$\bar{x} = \frac{x_1 + x_2 + \cdots + x_n}{n} = \frac{1}{n}\sum_{i=1}^{n} x_i \qquad （4.11）$$

49

等號後的「Σ」，在數學領域中表示「合計」。英語的「總和」 "summation" 之首字母為「S」，而在數學上就取其對應的希臘字母「Σ」當作合計的意思。就像是漢字中的「和」一樣。

　　「Σ」的下方寫著「$i = 1$」，上方寫著「n」，這唸做

- 「sigma x_i i 等於 1 到 n」
- 「將 i 等於 1 到 n 的 x_i 合計」

用來表示「將下標 i 從 1 開始，每次加 1，一直加到 n，再將所有有下標的數合計起來」的數。而這裡的下標，指的就是後面的 x_i 的 i。所以前式等號後面的部分，就意味著將下標 i 依序增加，得到 x_1, x_2, $\cdots$，再把它們全加起來，即 $x_1 + x_2 + \cdots$，一直加到 x_n 得到總和。換句話說，等號後面的部份就是 $x_1 + x_2 + \cdots + x_n$。而像 x_i 的下標 i 這種代表「從 1 開始每次加 1」的數，之所以會用 i 來表示，是源自於 "index"。要是數學式中有其它類似功能的數，會用 j、k、l $\cdots$ 等字母表示。

　　只是加法而已，為什麼要特別用 Σ 符號來表示呢？理由有兩個。首先，將計算總和的過程用一個「$\sum_{i=1}^{n}$」來表示，可以在數學式中將「合計的結果」當成一個數來處理。

　　另一個理由是，當我們想要合計的數字個數不是 2 個、3 個這種具體的個數，而是連我們都不曉得要合計多少個的時候，比起一般的加法寫法，寫成 Σ 的式子會比較方便。當我們想要「將 n 個數合計」時，這裡的「n」就是我們在 3.1 節中提到的「常數」。實際進行合計時，再將某個特定的數代入 n，以決定實際上要合計多少個數。

　　另外，有些時候也會用以下方式表示合計

$$E(X) = \sum_{x} x f(x) \tag{4.12}$$

　　這種寫法中，僅在「Σ」下方註明一個較小的 x，而不是像「$\sum_{i=1}^{n}$」這樣，明確寫出「i 從哪個數加到哪個數」。上面這個式子想

表示的意思是，「x 在任何可能的範圍內變動，計算 x 在各種情況下之 $xf(x)$ 的值，再加其合計」。

 練習問題

正文中出現的「以 10 為底的對數」又稱做**常用對數**。從過去到現在，計算很大的數的時候常會用到這種對數。請試著回答以下與常用對數有關的問題。

1. $\log_{10} 100$、$\log_{10} 1000$ 分別是多少？
2. 設 $\log_{10} 2 = 0.3010$、$\log_{10} 3 = 0.4771$，請將 6000×300000 表示成「10 的幾次方」。
3. $2^{30} \times 3^{20}$ 有幾位數？

練習問題解說

1. $\log_{10} 100 = \log_{10} 10^2$，正文中有提到 $n\log_a p = \log_a p^n$ 這樣的關係，故 $\log_{10} 10^2 = 2\log_{10} 10 = 2 \times 1 = 2$。同樣的，$\log_{10} 1000 = 3$。
2. 由於

$$
\begin{aligned}
\log_{10} 6000 &= \log_{10}(2 \times 3 \times 1000) \\
&= \log_{10} 2 + \log_{10} 3 + \log_{10} 1000 \\
&= 0.3010 + 0.4771 + 3 \\
&= 3.7781
\end{aligned}
\tag{4.13}
$$

且

$$
\begin{aligned}
\log_{10} 300000 &= \log_{10}(3 \times 100000) \\
&= \log_{10} 3 + \log_{10} 10^5 \\
&= 0.4771 + 5 \\
&= 5.4771
\end{aligned}
\tag{4.14}
$$

故

$$\log_{10}(6000 \times 300000) = \log_{10} 6000 + \log_{10} 300000$$
$$= 3.7781 + 5.4771 \qquad (4.15)$$
$$= 9.2552$$

因此，由式（4.4）對對數的定義，可得知 $6000 \times 300000 = 10^{9.2552}$。

解說　$10^{9.2552} = 1799699516.57$，大約等於 $6000 \times 300000 = 1800000000$。過去在計算較大數字的乘法時會用這種方式計算。用這種方式計算時，需時常將真數轉換成常用對數，或者將常用對數轉換成真數，這時會用到所謂的「對數表」，這是一張已將轉換結果整理出來的數字表；或者使用「計算尺」，這種尺會在刻度上標示轉換結果。

3. 將 $2^{30} \times 3^{20}$ 轉換成常用對數，可得

$$\log_{10}(2^{30} \times 3^{20}) = \log_{10} 2^{30} + \log_{10} 3^{20}$$
$$= 30 \log_{10} 2 + 20 \log_{10} 3$$
$$= 30 \times 0.3010 + 20 \times 0.4771 \qquad (4.16)$$
$$= 18.572$$

由對數的定義，可得 $2^{30} \times 3^{20} = 10^{18.572}$。如我們在練習 1. 中所看到的，$10^{18}$ 為「1 後面有 18 個 0，是 19 位數」，而 10^{19} 則是「1 後面有 19 個 0，為 20 位數」。$10^{18.572}$ 在 10^{18} 與 10^{19} 之間，故為 19 位數。

解說　由此可知，我們可以將常用對數想成一種用來表示「1 後面有幾個 0」的方法。此時，1 後面的 0 的「個數」，可以從整數推廣到實數。10^{18} 意為「1 後面有 18 個 0」，10^{19} 意為「1 後面有 19 個 0」，故位於其間的 $10^{18.572}$ 可以想成是「1 後面有 18.572 個 0」。

第 5 章

函數與數學式

5.1　以數學式表示函數

圖 5.1 是筆者在巴塞隆納（西班牙）的車站餐廳內看到的「柳橙自動榨汁機」。將柳橙放入機器上方的槽內，機器就會自動將柳橙切開、榨汁，榨出的柳橙汁則從機器下方排出。

圖5.1　柳丁自動榨汁機

函數就像一台數學機器，和這台柳橙榨汁機一樣，把某些材料丟進去，經過某些處理後，就會跑出對應的結果。數學領域中的函數將材料處理後，得到的結果是「數」。函數的英語是 function，這個字在數學領域之外常被翻譯做「功能」。也就是說，將某個數丟入函數，經特定功能處理後，可得到另一個數。

現在的日語中將函數寫成「關數」，不過以前的日語則稱其為「函數」。這裡的「函」就像地名「函館」的「函」一樣，有著「箱子」的意思。把一個數丟進一個看不到內在的箱子內，經特定功能處理後，跑出另一個數，這就是「函數」這個名詞的由來。[1]

1　不過在歷史上「函數」這個詞似乎沒有「箱子」的意思。這裡只是為了說明方便「介紹一個比較好理解名字的方法」而已。

5.2 自變數與依變數

　　前面提到，數學中的函數在處理過放入的東西後「會跑出另一個數」，不過就一般的函數來說，通常放入函數的東西也是一個數。此時，「放入的數」就稱做自變數，而「跑出來的數」就稱做依變數。我們可以任意改變自變數的數值，隨著自變數數值的變化，依變數的數值也會跟著改變，這就是函數。

　　函數常寫成 $y = f(x)$ 的形式。x 是自變數、y 是依變數、f 則是「函數的作用」。而以 x 為自變數的函數 f 又稱做「x 的函數 $f(x)$」；若 x 為自變數、y 為依變數，則可用「y 為 x 的函數」描述兩者間的關係。我們常用字母 f 來表示函數，這是源自於英語 function 的首字母。當然，並不是每次都會用 f 來代表函數，當我們會用到兩個函數的時候就會寫成 f 和 g，必要時我們也會用其它字母來表示函數。

　　$f(x)$ 這種寫法的意思是將自變數 x 放入功能為 f 的函數內。f 寫在前面，x 寫在後面，或許你會覺得這違反日語的語感。這是因為「對於變數 x 以功能 f 作用之」這種寫法，其實來自於歐美語言的語感。以函數 $f(x)$ 來說，將 2 代入 x 時所得到的值，寫做 $f(2)$。

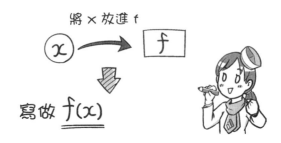

將 x 放進 f

寫做 $f(x)$

$f(x)$這種寫法常讓人誤以為是乘法「$f \times (x)$」。這裡的 $f()$ 是表示「這是一個函數 f。其中，函數 f 可放入自變數 x」，$()$ 裡面可以寫出引號內「其中」之後的資訊。數學領域中常可看到這樣的寫法，像本書中的 $P(A)$ 指的是「A 這個事件發生的機率」，之後還會出現 $t_{0.025}(n-1)$ 這種數。然而，它們卻不是 $P \times A$，也不是 $t_{0.025} \times (n-1)$ 的意思。

5.3　有名字的函數

使用數學上的函數時，可以將函數的「作用」視為「將某個數當做自變數丟進函數內，經過某些計算後，送回對應的答案」。比方說，像是「將丟入的數變成兩倍後送回」、「將丟入的數平方後送回」等。各位在高中以前的數學課上所學到的函數都是這類函數，統計學中所用到的函數也幾乎都是這樣的函數。

數學領域中，許多常用的函數會以其計算方式做為它們的名字。其中，「將丟入的數（自變數）乘上某個倍率，再加上某個固定的數（與自變數或依變數無關的常數）」這樣的函數叫做**一次函數**。而「將自變數與自變數的平方分別乘上某個倍率，再加上某個常數」這樣的函數叫做**二次函數**。之所以叫做一次，是因為該函數的計算過程中，只有用到一次方的自變數（也就是自變數本身）；如果有用到二次方的自變數，那就是二次函數，依此類推，三次、四次…也是同樣的道理。

讓我們來試著寫寫看一次函數的式子吧。設自變數為 x，依變數為 y，那麼「將丟入的數乘上某個倍率，再加上某個常數」這樣

的計算可以寫成 $y = a + bx$。這裡的 a、b 是某個數字，b 可「將 x 乘上某個倍率」、a 可「加上某個常數」（譯註：此處原文的 a、b 順序顛倒，譯文已更正）。我們可試著代入一些具體的數字，得到如 $y = 2 + 3x$ 或 $y = 4 + 5x$ 之類的式子。不管 a 和 b 實際上是多少，這條式子都是一次函數，或者說，為了讓這條式子可用來表示所有的一次函數，我們才會使用 a、b 這種字母來表示加上、乘上的數。這裡的 a、b 又叫做**參數**，當我們將具體數字代入參數時，可以明確顯示出這個一次函數究竟是「什麼樣的」一次函數。

另一方面，二次函數的計算，也就是「將自變數與自變數的平方分別乘上某個倍率，再加上某個常數」的計算可以寫成 $y = a + bx + cx^2$。這裡的 c、b、a 為參數，其中 c 可「將自變數的平方乘上某個倍率」、b 可「將自變數本身乘上某個倍率」、a 可「加上某個常數」。

講到這裡，會不會有讀者覺得有點奇怪呢？高中以前的數學課中，學到的一次函數是 $y = ax + b$、二次函數是 $y = ax^2 + bx + c$，而高中以前的教科書也會把一次函數寫成 $y = ax + b$、二次函數寫成 $y = ax^2 + bx + c$。其實這兩種寫法都沒有錯。數學教科書內會照著 x 的平方→ x 的一次方→常數的順序書寫，這叫做**降冪排列**。與此相較，之前提到的格式是按照常數 → x 的一次方 → x 的平方的順序書寫，這叫做**升冪排列**。

統計學中較常用到升冪排列。本章最後會提到如何「將資料以函數表示」，在處理這樣的問題時，會先用最簡單的 $y = a + bx$ 試試看；若不適合，再於式子後面加上 cx^2，使其稍微複雜一些。這是為了讓我們從最簡單的模型開始，再一步步使其複雜化。

5.4　畫出函數的圖

接著，讓我們試著把一次函數 $y = a + bx$ 畫成眼睛看得到的圖吧。要「畫出函數的圖」，首先我們需先畫出上面標有刻度的橫軸與縱軸，使其成十字狀，這就是**座標平面**。我們可以用兩個數來表示座

標平面上某個點的位置,其中一個數是這個點所對應的橫軸位置,另一個數則是這個點所對應的縱軸位置。舉例來說,圖 5.2 的座標平面上,●這個點的位置對應到橫軸上的 3,以及縱軸上的 4,故可以用 3 與 4 這兩個數所組成的數對來表示這個點(圖中省略了較細的座標格)。縱軸與橫軸的交會處寫有一個 O,用來表示點 (0, 0),這個點又特稱為**原點**。

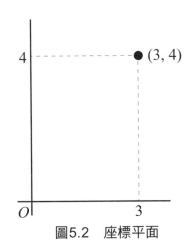

圖5.2　座標平面

　　畫函數的圖時,需在橫軸上尋找自變數 x 之值所對應的位置,並在縱軸上尋找依變數 y 之值所對應的位置。該橫軸位置叫做 x 座標、縱軸位置叫做 y 座標。具體而言,我們需就欲畫出之函數,先取許多個 x 值,計算出「當 x 等於某的值時,該函數送回的 y 值是多少」,然後在座標平面上把這些點 (x, y) 一一描繪出來。

　　但是,x 不一定是 1, 2, 3, …這種有規律的數字,可以是 1.5,也可以是 1.234,x 等於多少都可以,我們卻不可能在畫圖時把每一個 x 都丟進函數裡計算。不過,由於我們已經知道先前提到的一次函數或二次函數的圖形大概像什麼樣子,所以,在畫這些圖形時,可以藉由我們已有的知識以及該函數的參數,把函數的圖形畫出來。讓我們來看看以下的例題吧。

例題　試描繪一次函數 $y = 1 + 2x$ 的圖形。

　　在這個函數中，由於函數在計算時會將 x 乘上 2，故 x 每增加 1，y 就會增加 2。不管 x 是 0 還是 100，這樣的特性都不會改變，永遠都保持著「x 每增加 1，y 就增加 2」。一次函數的這個特性也使得「一次函數的圖形皆為一直線」，如圖 5.3 所示。

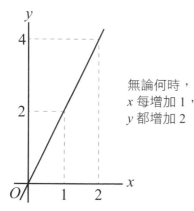

無論何時，
x 每增加 1，
y 都增加 2

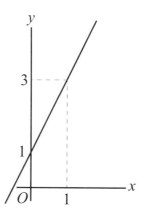

圖5.3　一次函數的圖形　　　　圖5.4　一次函數 $y = 1 + 2x$ 的圖形

　　另一方面，當 $x = 0$ 時，$y = 1 + 2 \times 0 = 1$，故可得到點 $(0, 1)$，也就是說，縱軸上刻度為 1 的點位於 $y = 1 + 2x$ 這個圖形上。因此，$y = 1 + 2x$ 的圖形雖然也符合「x 每增加 1，y 就增加 2」的條件，但與圖 5.3 稍有不同，而是一條「與縱軸交會於刻度1的位置」的直線，這條直線如圖 5.4 所示。

　　數學上會將用來表示「x 每增加 1 時，y 增加多少」的數稱作**斜率**。同一個一次函數的斜率在圖形各處都相同，故以下式子中，不管 a 是多少都可以計算出斜率。

$$斜率 = \frac{x \text{ 增加 1 時，} y \text{ 增加的量}}{1} = \frac{x \text{ 增加 } a \text{ 時，} y \text{ 增加的量}}{a} \quad (5.1)$$

由此可知，斜率是「以 x 的變化為基準之 y 的變化比例」。

另外，函數與縱軸相交的位置稱作 y **截距**。因此，一次函數 $y = 1 + 2x$ 的圖形就是「斜率為 2，y 截距為 1 的直線」。同樣的，以參數 a、b 來表示的一般化一次函數式 $y = a + bx$ 圖形就是「斜率為 b，截距為 a 的直線」。

如前所述，我們畫出來的圖形為「取許多個 x 值，計算出當 x 等於某的值時，該函數送回的 y 值是多少，然後在座標平面上把這些點 (x, y) 一一描繪出來」。反過來說，假設座標上面有一個點 (a, b)，且這個點在圖形上，那麼，當我們把 a 代入函數的自變數 x 時，可以得到依變數 y 等於 b。這也代表「圖形通過點 (a, b)」。請看下面這個例題。

> **例題** 點 $(1, 3)$ 是否在函數 $y = 1 + 2x$ 的圖形上

將點 $(1, 3)$ 的 x 座標 1，代入函數 $y = 1 + 2x$ 的自變數 x，可得出 $y = 1 + 2 \times 1 = 3$，與點 $(1, 3)$ 的 y 座標一致。故點 $(1, 3)$ 位於函數 $y = 1 + 2x$ 的圖形上。或者說，函數 $y = 1 + 2x$ 的圖形通過點 $(1, 3)$。

另外，由以上答案可知，若將 $x = 1$ 代入函數 $y = 1 + 2x$，可得出 $y = 3$。我們把這稱作「$x = 1$，$y = 3$ **滿足** $y = 1 + 2x$」，或者是「$x = 1$，$y = 3$ 時，$y = 1 + 2x$ **成立**」。

5.5 統計學與函數

本書第 8 章會講到「迴歸分析」的相關問題，在處理這類問題時，我們需找出適當的一次函數參數，說明資料的分布。讓我們先在這裡稍微說明一些相關概念。

第 8 章要處理的是「各都市的緯度與氣溫」、「各考生的國語分數、數學分數與英語分數」這種以兩個以上的數為一組的資料。圖 5.5(a) 是將兩個為一組的資料畫在座標平面上的樣子，稱為**散布圖**。

比方說，若我們有「各都市的緯度與氣溫」之資料，我們可以將橫軸設為緯度、縱軸設為氣溫，然後在座標平面上以一個點來表示一個都市的資料。

圖 5.5(a) 中，座標平面上的這些點大致呈現左上至右下的分布，這些點看起來就像是沿著一條左上右下的斜線排列一樣。因此我們可以像 5.5 (b)一樣，在散布圖上沿著這些點畫出一條直線。

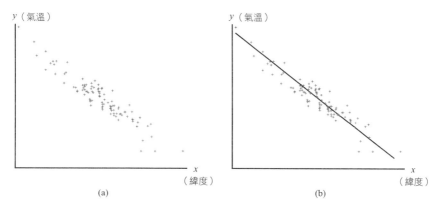

圖5.5　散布圖與一次函數

我們可以把這條直線視為一個一次函數的圖形，橫軸 x 是自變數，而縱軸 y 是依變數。在剛才講到的「各都市的緯度與氣溫」這個例子中，緯度就是自變數，而氣溫就是依變數。換句話說，如果我們能畫出這個一次函數圖形，就等於在說「當我們知道一個都市的緯度，便可藉由一次函數算出這個都市的氣溫是多少」。第 8 章講到迴歸分析時，將會說明如何求這個函數的參數。

特別要說的是，散布圖上的點只是沿著這條直線分布而已，並不是完全位於這條直線上。因此「當我們知道一個都市的緯度，便可藉由一次函數算出這個都市的氣溫是多少」這樣的敘述並不完全正確。這裡的一次函數僅能在某種程度上說明點的分布情形。像這種用來說明資料性質的數學式，稱做**模型**。本書第 10 章中還會提到其它如「機率分布模型」的模型。

練習問題

1. 試畫出一次函數 $y = 4 - 2x$ 的圖形。
2. 二次函數 $y = 1 + x + x^2$ 的圖形是否有通過點 $(1, 2)$？

練習問題解說

1. 這個函數的圖形的斜率為 -2，y 截距為 4，故其圖形如圖 5.6。

圖5.6　練習 1. 的解答

　　在畫這條直線的時候，若能先算出該直線與橫軸之交點的座標的話會方便很多。橫軸上 $y = 0$，故只要解出方程式 $0 = 4 - 2x$，即可得知該直線與橫軸相交時的 x 座標會是多少。該方程式的解為 $x = 2$，故該直線會通過橫軸上 $x = 2$ 之處。

2. 將 $x = 1$ 代入這個函數，可得 $y = 1 + 1 + 1^2$，即 $y = 3$。由於該點的 y 座標為 2，與計算結果不相等，故該點座標 $x = 1$、$y = 2$ 不滿足 $y = 1 + x + x^2$ 這條式子。因此，這個函數的圖形不會通過點 $(1, 2)$。

　　雖然我們沒有講到二次函數圖形如何繪製，但就算不畫出圖，只要用上面的方法，也能知道圖形有沒有通過某特定點。

第 **6** 章

從單位到微分、
從合計到積分

6.1 「單位量」與「合計量」常讓人搞混

　　「單位量」與「合計量」的概念不只在小學裡有教，日常生活中也很常用到。然而在談到與數量有關的概念時，最容易搞混的也是「單位量」與「合計量」。

　　當有人說「那塊牛肉居然要 1000 日圓」時，由於他並沒有說這些牛肉一共幾公克，所以我們也無從判斷這樣的牛肉到底是貴還是便宜。如果價格標示牌上清楚寫著「牛肉每 100 克 200 日圓」，不管是誰都能正確地理解到，這是以「100 克（g）」為基準，訂出「每 100 g」的牛肉價格。若將每 100 g 要 200 日圓的牛肉與每 100 g 要 1000 日圓的牛肉放在一起比較，後者毫無疑問是「較貴的肉」。

　　像「100 g」這種大家都可以理解的基準量，稱做**單位**。講到單位，一般人通常會想到「公斤（kg）」或「公尺（m）」這種「物理單位」，為強調這是以某個單位為基準所衡量出來的量，也把這稱作**單位量**。

　　設牛肉的價格為「每 100 g 要 200 日圓」，若我們買 500 g，經過「（每 100 g 要 200 日圓）× 500 g」的計算後，可得知總價為 1000 日圓。這個計算過程意味著將 500 g 的牛肉切成五份，每份 100 g。因為每一份都是 200 日圓，故「合計」之後就是 1000 日圓。

　　反過來說，設 500 g 牛肉的價格為 1000 日圓，將 1000 日圓除以 500 g，便可得到每 100 g 價格為 200 日圓。可將其寫成數學式如下

$$\frac{200 \text{ 日圓}}{100 \text{ g}} \times 500 \text{ g} = 200 \text{ 日圓} \times \frac{500 \text{ g}}{100 \text{ g}} = 1000 \text{ 日圓}$$

$$\frac{1000 \text{ 日圓}}{500 \text{ g}} = \frac{200 \text{ 日圓}}{100 \text{ g}}$$

　　這段牛肉的例子中，有一個重點是「500 g 的牛肉等於五份 100 g 的牛肉」。如圖 6.1 的 (a) 所示，若我們想買的 500 g 肉，與做為單位的 100 g 肉的品質相同，就可以藉由上述單位量與合計量的關係，計算出 500 g 肉要多少錢。但如果像 (b) 一樣，我們想買的 500 g 肉中，

較便宜的肥肉與較貴的瘦肉的比例與做為單位的 100 g 肉不同，就沒辦法直接用「合計」的方式直接算出 500 g 牛肉的價格。

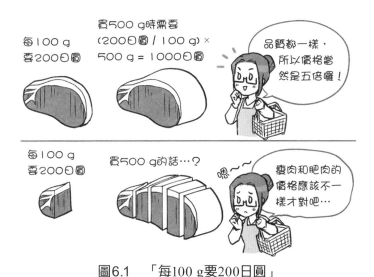

圖6.1 「每100 g要200日圓」

讓我們再來看一個類似的例子吧。這是筆者上高中後的第一堂物理時，老師提到的例子。

> **例題** 試問以下敘述是否正確？
> 新幹線的時速為 200 km。[1]從東京坐到大阪需時 3 小時，故東京到大阪的新幹線里程為 600 km。

「時速」指的是「每 1 小時前進的距離」，是一種單位量。而 600 km 則是將「每 1 小時前進 200 km」的速度乘上3小時後得到的合計量。

但這樣的計算並不正確。新幹線列車並非從東京到大阪都一直維持著時速 200 km（200 km/h）。途中會停靠其它車站，經過彎道時也會減速。而且從車站出發時會緩緩加速，抵達車站時也會緩緩減速。

1　當時東海道新幹線的最高時速為 210 km。

雖然「時速」指的是「每 1 小時前進的距離」，但並不表示新幹線在這 1 小時內，速度完全不會改變。事實上，新幹線的速度在每個瞬間都不一樣。所以我們沒辦法用（每 1 小時前進 200 km）×（3 小時）=（600 km）的方式簡單計算出結果。[2]

看過解釋後，應該不難理解這個新幹線的例題題幹哪裡有問題。但二○一一年東日本大地震的核電廠事故爆發時，有許多媒體因為沒區分清楚「微西弗（μSv）」與「每小時微西弗（μSv / h）」的差別，而做出很奇怪的報導。「微西弗」指的是（考慮生物可承受劑量的）輻射量；而「每小時微西弗」指的則是「每小時輻射量」，是一種單位量。

看到「在核電廠事故現場附近檢測到每小時○微西弗的輻射量，若在這樣的環境下持續待一個小時，相當於照了△張 X 光片…」這樣的新聞報導，應該會有很多人以為如果在那裏待一個小時，真的相當於照了△張 X 光片一樣吧。雖然報導內有「若在每小時○微西弗的環境下持續待一個小時」這樣的敘述，但事實上，現場不太可能連續一個小時都維持那麼強的輻射。這樣的輻射量很可能只會出現一瞬間，人們卻誤以為這麼強的輻射會持續一個小時，這就犯了和剛才新幹線例題同樣的謬誤，由瞬間的單位量直接計算出合計量。

如前述，隨著部位的不同，單位重量的價格也不同；以及單位時間所前進的距離、單位時間的輻射量在每個瞬間都不一樣時，我們需以「微分」來計算不同情況下的「單位量」，並用「積分」來計算「合計量」。提到微分與積分，可能會讓人聯想到艱澀的數學。但只要想像前面提到的單位量與合計量並非「何時何地都相同」，並設法計算某時間點的單位量，或某時間區間的合計量，其實就是在討論微分與積分了，一點都不難。讓我們在下一節中看看到底是怎麼回事吧。

2　沿著東海道新幹線，從東京站到新大阪站的實際里程為 515.4 km。

6.2 從單位到微分

若要說明微分的概念，先讓我們回頭再看一遍「速度與距離」的例子。假設我們坐在一台汽車上，每小時前進 60 km。如果途中沒有停下來休息、沒有繞遠路、沒有加快速度，也沒有減慢速度，這段距離的速度[3]就是時速 60 公里，寫做 60 km/h。h 是 "hour"（每小時）的意思。

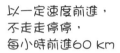

先不管途中有沒有繞路，但實在很難想像汽車在這一小時內速度不會提升也不會下降。這裡我們就先當作途中速度沒有變化，若車子在 1 小時內確實前進了 60 km，那麼我們就可以說這台車「在這 1 小時內的**平均速度**為 60 km/h」。這裡的 1 小時是單位時間，由於 1 小時前進的距離是 60 km，故平均速度為 60 km/h。

1 小時前進了 60 km，故平均速度為 60 km/h。如果「1 分鐘前進了 1 km」，可以得到

$$\frac{1\ km}{1\ 分} = \frac{60\ km}{60\ 分} = \frac{60\ km}{1\ 小時} \qquad (6.2)$$

故這 1 分鐘內的平均速度也是 60 km/h，不過此時的單位時間變成為 1 分鐘。如果 1 秒內前進 16.7 m，或者是 0.01 秒內前進 16.7 cm，平均速度也都是 60 km/h。不管單位時間多短，都有可能出現「在該時

3　物理學中，「速度」同時包含了「速率」與「前進方向」的意思，不過這裡講的速度與方向無關，只有「速率」的意思。

間間隔內的平均速度為 60 km/h」的情形。不過，像 0.01 秒那麼短的時間內，應該不太可能會出現繞路或速度的增減吧？如果時間間隔只有 0.01 秒，甚至也不需要「當做」途中速度沒有變化，而是可以直接「忽略」途中的速度變化。

在 1 秒、0.01 秒這麼短的時間內，幾乎可以忽略途中的速度變化。如果在這段極短的時間內，平均速度為 60 km/h，我們可以說「**瞬時速度**為 60 km/h」。也就是說，如果單位時間相當短，幾乎可以忽略這段時間內的速度變化，此時的速度就叫做瞬時速度。

不過，雖然我們前面有說到「如果時間間隔只有 0.01 秒，就可以忽略途中的速度變化」，但還是可能有人會提出「我的駕駛技巧非常好，可以在 0.01 秒內改變車子的速度」這樣的意見。當這種嚷著「0.01 秒還不算短」的人出現時，我們可以把單位時間從 0.01 秒再縮短到 0.001 秒，如果這 0.001 秒間的平均速度還是 60 km/h，應可說服這個人「車子瞬時速度是確實是 60 km/h」。如果還有人有意見，就再把時間間隔縮短到 0.0001 秒就好。

像這種「如果還有人有意見，就把時間間隔縮得更短」的概念，在數學上稱做「取**足夠**短的時間間隔」，而在其它人的意見下，盡可能縮短間隔時間以求得瞬時速度的概念，則稱作「取時間間隔趨近於 0 時的**極限**」。上面這個例子中，我們就是要取單位時間趨近於 0 時的極限。

讓我們試著將這裡的時間與路途的關係寫成函數並畫出圖形吧。圖 6.2 的圖形中，橫軸為時間、縱軸為距離，圖中直線則表示各時間點時車子前進的距離。直線在橫軸方向上每經過 1 小時，縱軸方向上就會前進 60 km，故 1 小時的平均速度為60 km/h。

圖 6.2 中的圖形為一直線，橫軸方向上每經過 1 小時，縱軸方向上就會前進 60 km。我們在前一章講到一次函數的圖形也有提到，「以 x（橫軸）的變化為基準之 y（縱軸）的變化比例」就是圖形的斜率，而一次函數的斜率永遠保持固定，故圖形為一直線。或者說，若這個圖形是一條直線，就表示該圖形是一次函數的圖形，且斜率永遠保持固定。斜率是「以 x 的變化為基準之 y 的變化比例」，而本例

中的平均速度是「橫軸方向上每經過 1 小時（或者是 1 分、1 秒等單位時間）後，縱軸方向上前進了多少 km」，與斜率的意義相同。

　　若我們把這個斜率永遠保持固定的圖形放大來看，不管時間間隔取得多短，不管是 1 分內、1 秒內，還是 0.01 秒內，平均速度都不會改變，永遠都是 60 km/h。由圖形可看出，在這 1 小時內，不管是哪個時間點速度都相同，瞬時速度永遠都是 60 km/h。換句話說，不論何時、不論選取多長的時間間隔，單位時間內前進的距離都相等。

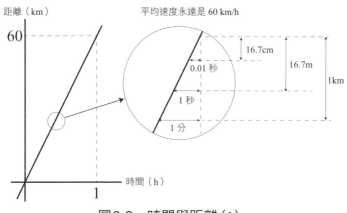

圖6.2　時間與距離(1)

　　請看看圖 6.3 的另一個例子。這個圖形彎彎曲曲的，並不是直線。雖然這個圖形中1小時內的平均速度也是 60 km/h，但路途中有時速度相當快，橫軸方向上每經過 1 分鐘，縱軸方向上就前進了很多距離，使該處斜率很大；有時速度相當慢，橫軸方向上每經過 1 分鐘，縱軸方向上卻沒前進多少，使該處斜率相當小。若把這個圖形放大來看，當我們把時間間隔逐漸縮短時，會發現 1 分內、1 秒內、0.01 秒內的平均速度都不一樣。也就是說，若時間不同、選取間隔長度不同，則單位時間內前進的距離也會不一樣。

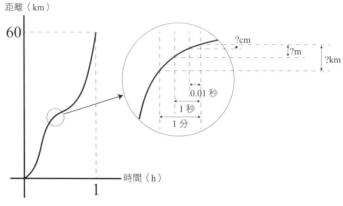

圖6.3　時間與距離（2）

　　那麼瞬時速度該怎麼計算呢？考慮車子從某個時間點 x 起至 t 秒後的平均速度，若 t 越來越短，從 1 秒變成 0.01 秒、0.001 秒，那麼當 t 足夠短時，就可以將這時的平均速度視為時間點 x 的瞬時速度。

　　若將其寫成數學式，可以用 $f(x)$ 來表示在 x 時間點以前已走過多少距離，再將函數 $f(x)$ 畫成圖形。這麼一來，從時間點 x 開始之 t 秒內的平均速度，會等於時間點 $x + t$ 以前已走過的距離 $f(x + t)$，減去時間點 x 以前已走過的距離 $f(x)$，再除以 t 秒，即

$$\frac{f(x + t) - f(x)}{t} \qquad (6.3)$$

瞬時速度為間隔時間 t「足夠」小的平均速度，即 t 非常接近 0 時，平均速度的極限，用數學來表示的話就是

$$\lim_{t \to 0} \frac{f(x + t) - f(x)}{t} \qquad (6.4)$$

我們可以用 $\lim\limits_{t \to 0}$ 來表示「t 非常接近 0 時的極限」。[4]

　　上面的式（6.4）是求取某時間點 x 的瞬時速度時所用的數學式，不論 x 在哪個時間點，都可藉由同樣的方式計算出瞬時速度，故也可以將這個式子想成是「可表示時間點 x 之瞬時速度的函數」。這

---

[4] lim 源自於拉丁語的 limes（或英語的 limit），為「極限、界線」的意思。

個函數又稱作函數 $f(x)$ 的**導函數**，可寫為 $d/dx\,f(x)$ 或 $f'(x)$。而用上述方式求出導函數的過程，又稱作「將函數 $f(x)$ 對 x **微分**」。如果微分後得到的導函數並非一定值，就表示車子的瞬時速度一直在改變。

　　本書第 8 章談到「迴歸分析」時，會說明進行這種分析時一定會用到的「最小平方法」，那時就會以具體的例子說明微分的使用方式。

6.3　從合計到積分

　　前一節中我們提到，若我們將車子在各時間點以前已走過的距離畫成圖，就可以求出在某個時間點的瞬時速度，而這種方法又叫做「微分」。這裡我們要反過來，將各時間點的瞬時速度畫成圖，在以此計算出車子在某時間點以前前進了多少距離。

　　圖 6.4 的座標軸中，橫軸一樣是時間，縱軸則改為速度。這張圖中，在縱軸座標為 60 km/h 的地方有一橫線，故在這一小時內，車子速度一直保持著 60 km/h，且這一小時內前進的距離為 60 km/h × 1 小時 = 60 km。

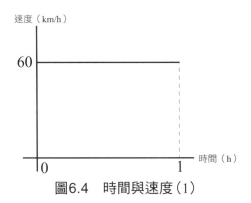

圖6.4　時間與速度（1）

　　那麼圖 6.5 又如何呢？這個圖形中，時間在 0 分到 30 分間（0.5 小時）的速度為 30 km/h，而在之後的 30 分鐘內，速度為 60 km/h。

故這一小時內前進的距離為，前 30 分的 30 km/h × 0.5 小時 = 15 km，加上後 30 分的 60 km/h × 0.5 小時 = 30 km，共 45 km。

　　由這兩個例子我們可以看出，當速度一定時，我們可藉由「（距離）=（速度）×（經過時間）」這樣的關係式，計算出車子前進的距離。我們可以用圖 6.6 來表示上述關係，（速度）為圖形在縱軸上的位置，（經過時間）則是圖形在橫軸上的位置，兩者相乘後（距離），即可得到圖形下方的長方形面積。

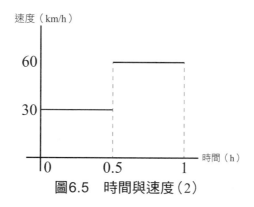

圖6.5　時間與速度（2）

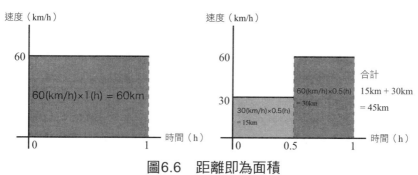

圖6.6　距離即為面積

　　那麼，如果像圖 6.7 這樣速度隨時在變化，又該如何計算距離呢？這時，由於速度一直在改變，故無法直接用「（距離）=（速度）×（經過時間）」這樣的關係簡單計算出距離。但我們可以模仿圖 6.5 中，計算前後速度不一的車子走了多少距離時用的方法，將距

離分為兩段，且每一段距離中的速度保持一定，分別以「（距離）＝
（速度）×（經過時間）」的公式計算出兩塊長方形的面積，再將兩
者加起來。像圖 6.7 這種速度隨時在變化的車子，若欲計算其距離，
可以像圖 6.8 這樣，將時間分成一小段一小段，再一一求出這些細長
書籤般的長方形面積，最後再將這些面積合計，就可以得到車子前進
的距離了。

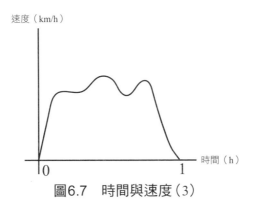

圖6.7　時間與速度（3）

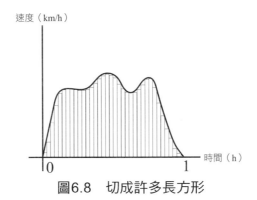

圖6.8　切成許多長方形

　　那麼，時間間隔要取得多短，才能使這段時間內的車子「速度保
持一定」呢？這裡就要用到前一節提到「微分」時用到的概念了。當
我們將時間間隔從 1 秒減少至 0.1 秒，再減至 0.01 秒或更小時，就可
以把這段時間內的速度視為一定，也就是前一節中所提到的瞬時速

度。要是有人嚷著「我的駕駛技巧非常好，可以在 0.01 秒內改變車子的速度。所以 0.01 秒根本不算短」，就再把時間間隔縮短到 0.001秒、0.0001 秒或者更小，總是有辦法讓這些人認同「這就是瞬時速度」的。也就是說，只要時間間隔足夠小就行了。這也和微分一樣，是計算時間間隔趨近於0時的極限。

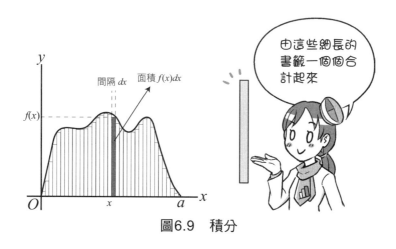

圖6.9　積分

　　接著讓我們試著把車子走過的距離寫成數學式。如圖 6.9 所示，將每個時間點 x 的瞬時速度寫成 $f(x)$，並畫出函數 $f(x)$的圖形，再將時間間隔切到足夠小。要切得多小才行呢？不同人會有不同看法，故這裡將「非常小的 x」表示為 dx。故從某個時間點 x 開始，經過一段非常短的時間間隔 dx 後前進的距離，便可表示為「（距離）=（速度）×（經過時間）」，而此時的速度為瞬時速度 $f(x)$，故在這非常短的時間間隔 dx 內所前進的距離，就是如細長書籤般的長方形面積 $f(x)dx$。若要計算從時間為 0 到時間為 a 內車子走過的距離是多少，只要將從 $x = 0$ 到 $x = a$ 之所有細長書籤的面積加起來就可以了。其總和可以用以下數學式表示

$$\int_0^a f(x)\,dx \qquad (6.5)$$

因此，即使車子的速度一直在改變，我們也有辦法求出它走過多

少距離。這樣的計算稱作**積分**。上面的數學式也稱作「求函數 $f(x)$在 0 到 a 的積分」。等號左邊那個長長的符號讀做「integral」，表示將後面的 $f(x)dx$（即細長書籤的面積）合計起來。[5]

順帶一提，看完上一節與本節的內容，應可明白到「將距離微分後可得到速度」，且「將速度積分後可得到距離」這樣的關係。微分與積分分別是由「單位量」與「合計量」發展而來的概念，且分別互為逆運算。

6.4　關於機率密度

本書的第 10 章與第 13 章在說明什麼是「連續型機率分配」時，會提到「機率密度」的概念。機率密度在積分過後就會得到機率，讓我們先拿一個第 13 章的例題來說明這個概念吧。

> **例題**　有一個時鐘，它的秒針並非一格一格的走，而是連續地移動，且你可以在任何時候按下一個按鈕，停止秒針的移動。假設你在不看時鐘的狀況下按下按鈕，那麼秒針停在 0 時與 3 時之間的機率是多少？

假設這個時鐘和一般的時鐘一樣，單位時間內前進的角度固定，[6]由於 0 時與 3 時之間的角度是一圈的 $\frac{1}{4}$，故秒針停在 0 時與 3 時之間的機率是 $\frac{1}{4}$。

我們可以用圖 6.10(a) 的圖形來描述這個狀況。座標橫軸為秒針在盤面上的位置，縱軸則代表「讓秒針停在某個位置上的容易程度」。由於秒針在單位時間內前進的角度固定，故秒針停留在每個位置上的可能性都相同，圖形為一橫線。將「讓秒針停在某個位置上的

5　∫源自於「合計」的拉丁語 summa（英語的 summation）的首字母 S，將 S 拉長之後就得到了積分符號。據說是德國的哲學家、數學家萊布尼茲首先使用了這個符號。

6　這也叫做「角速度」固定。

容易程度」之圖形從 0 時積分到 3 時，可得圖中灰色面積。這塊面積

為從 0 時積分到 12 時，也就是繞時鐘一圈後所得面積的 $\frac{1}{4}$，故秒針

停在 0 時與 3 時之間的機率為 $\frac{1}{4}$。

　　如果秒針在單位時間內前進的角度不固定，在 0 時到 6 時之間秒針前進的速度比較快，在 6 時到 12 時之間秒針前進的速度較慢，事情又會變得如何呢？這時，由於秒針在通過 0 時到 6 時花費的時間較短，故按下按鈕時，比較難讓秒針停在這個區域，相反的，讓秒針停留在 6 時到 12 時則容易許多。若畫成圖形，則可得到圖 6.10(b)。

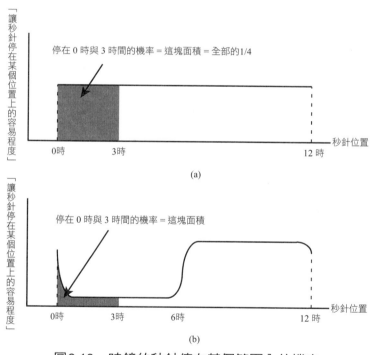

圖6.10　時鐘的秒針停在某個範圍內的機率

與 (a) 的情況相同，灰色部分的面積為讓秒針停在 0 時與 3 時間的機率。換言之，將「讓秒針停在某個位置上的容易程度」之圖形從 0 時積分到 3 時，就可得到我們要的機率。也就是說，只要我們在某個範圍內，將這個圖形的縱軸「讓秒針停在某個位置上的容易程度」積分起來，就可以得到秒針停在這個範圍內的機率。這裡的「讓秒針停在某個位置上的容易程度」並不是機率，而是「一種積分後會得到機率的東西」，故稱之為「機率密度」。

 練習問題

1. 以下兩句話的意思哪裡不同呢？
   (a) A 市在今天下午三點到下午四點這一小時內下了 100 mm 的豪雨。
   (b) A 市在今天的下午三點時，雨勢可達每小時 100 mm。

2. 電車從車站出發後，其時間與速度的關係如圖 6.11 的圖形所示，為一直線。試求出發後 10 秒內前進的距離。

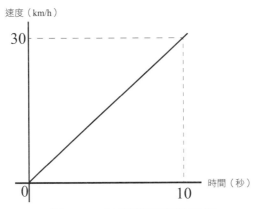

圖6.11　時間與速度的關係

練習問題解說

1. (a) 指的是從下午三點到下午四點之間的雨量合計為 100 mm，這是實際的降雨量。與此相較，(b) 所說的則是如果下午三點時的雨勢持續一小時，會累積 100 mm 的雨量，但我們並不曉得這個雨勢會持續多久，也不曉得一小時後累積的雨量會是多少。

2. 欲計算從出發起 10 秒內的前進距離，只要將這個圖形所表示的函數從出發處（時間為 0 時）積分到 10 秒後就可以了。這個部分會等於圖 6.12 中的灰色部分面積，計算如下。

$$\begin{aligned}
面積 &= \frac{1}{2} \times 30(\text{km/h}) \times 10(秒) \\
&= \frac{1}{2} \times \frac{30}{3600}(\text{km/秒}) \times 10(秒) \\
&= 0.042(\text{km}) = 42(\text{m})
\end{aligned}$$

（6.6）

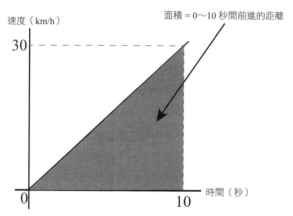

圖6.12　時間與速度的關係

第 **2** 部

統計學基礎篇

第 **7** 章

資料的分布、平均、變異數

7.1 統計學與屬量資料

統計學是以調查、試驗所蒐集來的資料為對象，從這些資料中分析出有用資訊的技術與學問。人類並沒有聰明到能夠一眼看出資料包含的重要資訊，並做出判斷。因此需將資料經過一定過程的計算，得到較為簡約的結果；或者選擇一個適合這堆資料的「模型」套入，以獲得更多關於這堆資料的資訊，這就是統計學在做的事。

近年來，能夠從一堆資料中分析出需要資訊的已不僅限於人類。最近成長快速的「人工智慧」已可勝過將棋或圍棋的名人，也能找出人類醫師沒有想到的疾病治療方式。這是因為人工智慧可以「學習」資料。這裡說的學習，指的是電腦能將資料整理成自己有辦法理解的資訊，再依此判斷或行動，像是在將棋棋局中應該要下哪一步，或者治療某種疾病時應該要用哪種方式。電腦的整理方式不一定要是人類有辦法理解的形式，所以當將棋人工智慧下了一步好棋時，將棋名人常常也不曉得「為什麼要這麼下」。

本書要討論的是人類有辦法理解的傳統統計學。本書所使用的統計方法僅能處理資料中的**屬量資料**。或許你認為只要能夠用數字表示的資料都是「屬量」資料，但事實上，「數」並不一定有「數量」的意思。舉例來說，考試中的「選擇題」需從數個選項中選擇一個正確答案。雖然選項以「1 號、2 號、3 號」來表示，但這裡的 1、2、3 只是選項的名稱，與「（a）、（b）、（c）」是一樣的意思。另外，有些問卷問題所設計的選項是「1. 非常爛 2. 很爛 3. 普通 4. 很好 5. 非常好」，各選項能夠排出一個順序。但即使選項有順序的差別，也沒辦法算出「非常好」和「很好」之間的差是多少，故這也不是屬量資料。以上兩種資料的前者是**名義尺度**資料，後者則是**順序尺度**資料，兩者合稱為**屬質資料**。

那什麼是屬量資料呢？簡單來說，各數值間的相加或相減有其意義的資料，就是屬量資料。相加有意義，就表示能夠計算平均；相減有意義，就表示數值之間的差有意義。舉例來說，我們可以將各個「攝氏溫度」的資料相加後計算平均，得到「平均溫度」；且「0°C

資料的種類	意義
屬量資料	各數值間的相加或相減有意義
屬質資料	各數值間的相加或相減沒有意義

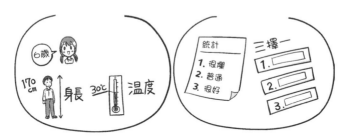

與 10°C 的差」與「10°C 與 20°C 的差」都是 10 度，意義也相同。然而，20°C 卻不是 10°C 的兩倍熱。就算我們假設 20°C 是 10°C 的兩倍熱，還是回答不出 20°C 是 −10°C 的幾倍熱。這種屬量資料又稱作**等距尺度**資料。另一方面，像年齡或重量這種，數值間的比率有其意義的資料，則稱作**比例尺度**資料。比方說 40 歲的人活過的時間是 20 歲的人的兩倍，故年齡是比例尺度。

　　本書的「資料」一詞，指的是數值的集合。而資料所包含的各個數值，本書則會稱其為「數值」。資料的大小，指的是資料內所含數值的多少。數值越多，這個資料就越<u>大</u>。最近很紅的單字「大數據（big data）」中的資料（data）一詞也是這個意思。要注意的是，這裡的大數據並不是「data 很多」的意思。英語的 data 是一個「集合名詞」，指的是許多數據的集合，與日語中的集合名詞「家族」是類似的概念。若一個家族裡有很多人，會稱其為一個「大家族」，而不是一個「多家族」。[1]

1　data是拉丁語中用來表示「已知數」的datum的複數。

7.2　「分散的資料」、「資料分布」

分布是統計學中非常重要的概念。

屬量資料「呈某種分布」，指的是某些測得、觀察到的屬量資料，由許多大大小小的數值組成。比方說，「某個棒球選手在一場比賽中的安打數」的資料中，該選手並非在每場比賽中都打出同樣的安打數，而是隨著比賽狀況的不同，而有不同的安打數，故呈現某種分配。另外，「日本男性的身高」的資料中，由於每個人的身高都不一樣，故也呈現某種分配。在分析這些由大大小小的數值所組成的資料時，我們會用比較簡潔的方式來描述其數值分散情形，稱做該資料的「分布」。就像前面提到的「安打數的分布」與「身高的分布」等。[2]

大家的身高都不一樣…

身高資料是一個分布

2　「分散」與「分配」等詞之所以沒那麼好理解，是因為這些詞有所謂的「翻譯腔」。前者指的是「數值大小各有差異」，而後者指的則是「大小各異之數值所組成的集合」。前者為「事」，後者為「物」。英語中並不會把「事」與「物」分得很清楚，然而日語中，事與物的界線則分明許多。不久前的Windows會出現像是「下載更新中」之類的通知，由於「更新」是事而非物，故這句話會讓人有種不自然的感覺。這恐怕是因為當初直接將update翻譯更新的關係吧。現在的Windows已將通知改成「下載更新程式中」了。

當我們調查現實中的資料時，蒐集到的資料常包含著大小不一的數值，故資料有一定的分散是很正常的事。如果某個黨在一場選舉的得票率達到 100%，想必也很難讓人相信這是一場公正的選舉吧。統計學處理的是實際調查或試驗所得的資料，而這些資料常有一定程度的分散。如果某個黨在一場選舉中的得票率達到 100%，就不需要民調預測或開票速報了，自然也輪不到統計學登場。

7.3　次數分布

如本章開頭所述，人類並沒有聰明到能夠一眼看出資料「呈什麼樣的」分布。因此有必要用人們容易理解的方式，說明資料中數值大小分散的數據是以「什麼樣的方式」分散。

其中一個較具代表性的方法，是以「某個數值出現了多少次」的方式呈現資料中分散的數據。以「某個棒球選手在一場比賽中的安打數」為例，可以將安打數的資料表示成「有幾場比賽的安打數為 0、幾場比賽的安打數為 1、⋯」這樣的形式。這種用來表示每種數據出現之頻率的數字，在統計學中稱做「**次數**」。除了用「幾場比賽」來計算次數之外，也可以用「安打數為n的比賽次數佔總比賽次數的幾%」來計算次數，方便我們比較比賽次數不同之打者的打擊資料。這種用比例來表示出現頻率的次數，又叫做**相對次數**。用次數來表示的資料分配叫做**次數分布**，而將次數分布整理成表，則可得到**次數分布表**。

另一方面，像「日本男性的身高」這樣的資料是「測量」出來

的,不像安打數那樣「0 支、1 支、…」是「可數」的數字。這時,就須將各個數據分成數個**組別**,每個組別取一個間距,稱做**組距**,將所有數據分組後得到「…、160 cm 以上,未滿 165 cm的人佔所有人的幾%、165 cm 以上,未滿 170 cm 的人佔所有人的幾%、…」這樣的資料。

如果在分組時組距取得過小,像是「169.4 cm 以上,未滿 169.5 cm 的人佔所有人的幾%、169.5 cm以上,未滿169.6 cm 的人佔所有人的幾%」這樣,就難以掌握資料分布的特徵,故在分組時需選擇適當的組距。

讓我們以下面這個例子來試著製作次數分布表。

例題　設某班 50 名學生的考試得分為

35	62	65	23	40	30	70	55	57	65	15	90
67	65	70	45	80							
79	46	45	25	50	62	75	78	48	50	60	75
75	60	78	58	78							
63	95	20	46	55	56	70	60	79	18	63	67
85	25	40	50								

請製作這些資料的次數分布表。其中,組距設為 10 分,分數最低的組別為 15 分以上,未滿 25 分。

將組別設為「15 分以上,未滿 25 分」、「25 分以上,未滿 35 分」、…再計算資料中符合各組別條件的數據個數,也就是計算各組別數據的出現次數,然後製成表。95 分以上的學生則計入「85 分以上,未滿 95 分」的組別。計算次數時,可以畫「正」字計算,也可以用「畫四條直線,再以第五條橫線穿過」等方式計算,總之大都是以五個為單位來數次數。

不過,目前實務上已不會用人工一一為每個數據分組了,通常是將資料一股腦地輸入電腦,然後用電腦整理資料並進行計算。用電腦來處理,即使是相當龐大的資料,也能在一瞬間整理出結果。然而用電腦自動計算時看不到計算過程,很有可能會發生意料之外的錯誤。

不只在製作次數分布表時可能會出錯，若要用電腦來進行任何資料處理，最好都先拿一部份資料手算驗證。

做好的次數分布表如下所示。

表7-1 次數分布表

下限	上限	組別值	次數	相對次數
15	25	20	4	0.08 (8%)
25	35	30	3	0.06 (6%)
35	45	40	3	0.06 (6%)
45	55	50	8	0.16 (16%)
55	65	60	12	0.24 (24%)
65	75	70	8	0.16 (16%)
75	85	80	9	0.18 (18%)
85	95	90	3	0.06 (6%)
			合計 50	合計 1 (100%)

相對次數的地方寫著「0.08（8%）」，這兩種寫法都沒有錯，只是使用的單位不同而已。相對次數就是「$\dfrac{各組別的次數}{總人數}$」，故其實沒有單位，可以寫出相除結果就好。亦可將這個數字乘上 100 再加上「%」，用百分率表示，即「每 100 人有多少人」。

另外，表中從左算起的第三欄是**組別值**。這是各組別下限與上限的中間值。各組別的數值（即考試分數）皆可以各組別的組別值作為代表。

7.4 直方圖

我們可以將次數分配情形畫成**直方圖**，使次數分配資料可視覺化。直方圖的橫軸為組別、縱軸為次數（相對次數），圖中每個直條的底代表組距、面積代表次數，故直方圖可顯示出每個組別的次數。

直方圖與圖7.1的長條圖不同，需畫成圖 7.2 般，各直條間沒有空隙的樣子才行。之所以不能有空隙，是因為直方圖與長條圖不同，直方圖在橫軸上的長度是有意義的。圖 7.1 的長條圖中，橫軸上的長度

沒有意義，每一個直條間的間隔只是為了方便閱覽而隨意拉出來的間隔。但圖 7.2 的直方圖中，橫軸上的直條寬度即代表組距大小（本例中為 10 分），兩倍的寬度就代表兩倍的分數差。

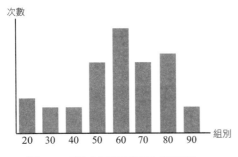

圖7.1　直方圖不能畫成這樣

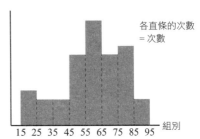

圖7.2　直方圖應該要畫成這樣

另外，直方圖中並不是用直條的高度來表示次數，而是用直條的面積來表示次數。所以圖 7.2 的縱軸沒有標示「次數」。之所以要用這種方式來表示次數，是為了讓我們能夠自由變更組別的分組方式。直方圖的橫軸原本是連續的數值，上面分布著分數的數據，這些數據之所以會變成一個個長條，是因為我們把它們分成為許多組別。由於我們可以任意決定分組方式，故直方圖的分組亦可自由變更。若以長條的面積來表示次數，我們便可藉由長條的分割、結合，來改變分組方式。

如圖 7.3 所示，以「計算相鄰兩組的次數之和」為例，只要將相鄰兩個長條的面積加起來就可以了。故「55～75 之組別的次數為 20」這段描述，也可在重新分組後，想成是「55～65 之組別的次數為 10、65～75 之組別的次數為 10」。

即使這裡說直方圖是以長條的面積來表示次數，當各組的組距皆相同時，長條的寬度都相同，所以長條的高度其實就代表著次數。不過，如果不同組別的組距不一樣，高度就不代表該組的次數了。由於次數是長條的面積，故當組距變成兩倍時，代表同樣次數的長條高度會變成一半。某些情況下，當我們使用各組組距皆相等的直方圖來表示資料時，各組次數的差異會非常大，或者某些組別的組距會失去意義。

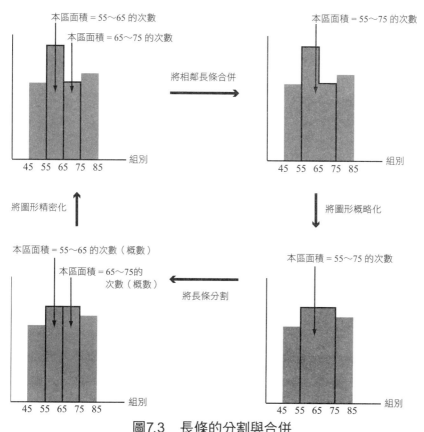

圖7.3　長條的分割與合併

　　舉例來說，若我們試著將每個人的年收入畫成直方圖，並將組距設為 100 萬日圓。年收入 300 萬日圓和 400 萬日圓的差異很大，但年收入 1 億日圓和 1 億 100 萬日圓的人在「有錢程度」上就沒什麼差別了。

例題　1. 請將表 7-1 的次數分布表畫成直方圖。
　　　2. 若將「75 分以上，未滿 85 分」與「85 分以上，未滿 95 分」這兩個組別合併為「75 分以上，未滿 85 分」，請畫出此時的直方圖。

圖 7.4(a) 為例題 1. 的答案，而圖 7.4(b) 則是例題 2. 的答案。欲將「75 分以上，未滿 85 分」與「85 分以上，未滿 95 分」這兩個組別合併，需將原本代表這兩個組別的長條置換為面積相同的單一長條。

這個例題的答案中，有畫出代表次數的縱軸刻度。如前所述，若各組組距，也就是長條寬度皆相等，這個刻度才有意義。因此，若像例題 (b) 這樣將兩個長條合併，再改變長條寬度，縱軸刻度就沒有意義了。

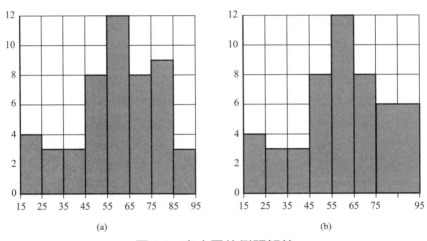

圖7.4　直方圖的例題解答

7.5　為什麼要取「平均」？各式各樣的平均

次數分布可將資料以人們易讀的形式，呈現出資料的「分布情形」。而將次數分布畫成直方圖，則可將次數分布情形可視化，使其更容易理解。但如果除了畫出次數分配圖之外，我們還想要對這些資料作其它處理、與其它資料比較，或進行各種計算，就需要用一個數值來表示這個資料，這個數值也稱作**代表值**。

代表值是「代表」資料分布的數值，故需要從分布中選取「位於

正中央」的數值來當作代表值。然而，所謂的「位於正中央」也有很多種定義，故代表值也有很多種。其中最常使用的代表值是**算術平均**，這也是我們一般說的「平均」。本書之後的章節在講到平均時，指的都是算術平均，故之後會省略「算術」二字，只以「平均」表示。以下將簡單介紹各種平均與代表值。

7.5.1 算術平均

設資料大小為 n，資料內包含了數值 $x_1, x_2, \cdots, x_n$，則算術平均的定義如下。

$$\bar{x} = \frac{x_1 + x_2 + \cdots + x_n}{n} = \frac{1}{n}\sum_{i=1}^{n} x_i \qquad （7.1）$$

也就是說，「算術平均 $= \dfrac{\text{數值總和}}{\text{資料大小}}$」。式 7.1 中出現的「Σ」符號如第四章所述，是「合計」的意思。算術平均是基於加法的平均，故有時也稱作「相加平均」。另外，上式中以 $\bar{x}$ 表示算術平均，這讀作「x bar」，是用來表示平均的符號。讀者可以將「bar」這個符號想像成是「將高低不一的東西壓成同一個高度」。

那麼，如果我們只知道資料的次數分布，又該如何求取資料的算術平均呢？原本的公式是「算術平均 $= \dfrac{\text{數值總和}}{\text{資料大小}}$」，而某個組別的次

數可視為「有幾個數據等於該組別的組別值」，也就是說，我們可以「將所有在該組別的數值，視作與該組別的組別值相等」，故某個組別內的數值總和為「組別值 × 次數」。因此，將每個組別的「組別值 × 次數」計算出來後再合計，就可計算出整個分布的數值總和。其中

$$算術平均 = \frac{數值總和}{資料大小}$$

$$= \frac{[組別值 \times 次數]的總和}{資料大小} \qquad (7.2)$$

$$= \left[組別值 \times \frac{次數}{資料大小} \right] 的總和$$

而「$\dfrac{次數}{資料大小}$」就是相對次數，故可得到「算術平均 =〔組別值 × 相對次數〕的總和」。

例題　請由表7-1的次數分布表，求出資料的算術平均。

　　如表 7-2，先計算出次數分布表的「組別值 × 相對次數」。比方說，第一列的「15～25」組別中，「組別值 × 相對次數」為 20 × 0.08 = 1.6。接著再將所有組別計算出來的數字合計，得到的 59.2 就是算術平均，如表所示。

表7-2　由次數分布表求出平均

下限	上限	組別值	相對次數	組別值 × 相對次數
15	25	20	0.08	20 × 0.08 = 1.6
25	35	30	0.06	1.8
35	45	40	0.06	2.4
45	55	50	0.16	8.0
55	65	60	0.24	14.4
65	75	70	0.16	11.2
75	85	80	0.18	14.4
85	95	90	0.06	5.4
				合計 59.2

7.5.2 幾何平均

我們可以使用**幾何平均**來表示一群正數「倍率」的平均，幾何平均的定義如下。

$$x_G = \sqrt[n]{x_1 \cdot x_2 \cdots x_n}$$
$$= (x_1 \cdot x_2 \cdots x_n)^{\frac{1}{n}}$$
$$= \left(\prod_{i=1}^{n} x_i\right)^{\frac{1}{n}}$$

（7.3）

雖然式子有三種寫法，不過三者的意思皆相同。我們在第 4 章中曾提到，$\sqrt[n]{x}$ 可用來表示「x 的 n 次方根」或「n 次方後可得到 x 的數」。第二行的 $x^{\frac{1}{n}}$ 在 n 次方後可得到 $(x^{\frac{1}{n}})^n$，由第 4 章說明的指數法則可知 $(x^{\frac{1}{n}})^n = x^{\frac{1}{n} \times n} = x$，故 $x^{\frac{1}{n}}$ 就是「n 次方後可得到 x 的數」。而第三行的「$\prod_{i=1}^{n} x_i$」是表示「將 i 等於 1 到 n 的 x_i 全部相乘」的意思，也就是用來表示總和的 Σ 的乘法版本。

算術平均是「將數值全部加起來，再除以資料大小」，幾何平均則是「將數值全部乘起來，再求其『（資料大小）次方根』」。幾何平均是基於乘法的平均，故也稱作「相乘平均」。讓我們由以下的例題來看看幾何平均的使用方式。

> **例題** 過去五年內，各年的物價成長率分別是 5%、3%、3%、2%、5%，試求平均每年物價成長率。

假設一開始的物價是 100，未來的五年間每年的物價成長率如題目所示。五年後的物價應為 $100 \times (1.05 \times 1.03 \times 1.03 \times 1.02 \times 1.05) = 119.3$，而不是 $100 \times (1.05 + 1.03 + 1.03 + 1.02 + 1.05)$。像這種「以相乘求得總和的資料」在計算資料平均時，應使用幾何平均。故其平均如下。

$$\sqrt[5]{1.05 \times 1.03 \times 1.03 \times 1.02 \times 1.05} = 1.036$$

（7.4）

7.5.3　調和平均

　　我們可以使用**調和平均**來表示一群正數，且「資料中每個數據都是比值，且都是以同一個數作為被除數」之數值的平均。其計算方式如下，是「各數據倒數的算術平均的倒數」。

$$x_H = \frac{1}{\frac{\left(\frac{1}{x_1} + \frac{1}{x_2} + \cdots + \frac{1}{x_n}\right)}{n}} \qquad (7.5)$$

「資料中每個數據都是比值，且都是以同一個數作為被除數」的例子中，常見的例子如「同距離下的前進速度」。讓我們由以下的例題來看看調和平均的使用方式。

例題　在某個區間內，去程的速度為 50 km/h，回程為 60 km/h，試求來回的平均速度。

　　「速度」是「$\frac{前進距離}{花費時間}$」。在這個例題中，去程與回程的距離相同，但去程與回程花費的時間不同，故去程與回程的速度符合「資料中每個數據都是比值，且都是以同一個數作為被除數」這個條件。這裡的「比值」指的是「每單位時間內前進的距離」。

　　這裡的「來回的平均速度」指的是「$\frac{來回共前進的距離}{來回共花費的時間}$」。假設單程的距離為 x (km)，那麼來回的距離就是 $2x$。故一次來回花費的時間為 $\frac{x}{50} + \frac{x}{60}$ (h)，平均速度為

$$\frac{2x}{\frac{x}{50} + \frac{x}{60}} = \frac{1}{\frac{1}{2}\left(\frac{1}{50} + \frac{1}{60}\right)} = 54.5 \ (\text{km/h}) \qquad (7.6)$$

在這個計算中，不管 x 是多少答案都不會變，換句話說，來回的平均速度與走了多少距離無關，只要求出速度的調和平均，就可算出平均速度。

　　我們可以用另一種方式理解調和平均。假設有兩個數 a、b（$a >b$），則 a 與 b 的調和平均 x_H 如下。

$$x_H = \frac{1}{\frac{\left(\frac{1}{a} + \frac{1}{b}\right)}{2}} \qquad (7.7)$$

此式可變形為

$$x_H = \frac{2}{\frac{1}{a} + \frac{1}{b}}$$
$$= \frac{2ab}{a + b} \qquad (7.8)$$

再稍加整理可得

$$(a + b)x_H = 2ab$$
$$ax_H - ab = ab - bx_H$$
$$a(x_H - b) = b(a - x_H) \qquad (7.9)$$
$$\frac{a}{b} = \frac{a - x_H}{x_H - b}$$

也就是說，$a : b = (a - x_H) : (x_H - b)$，即「兩數值與調和平均之差的比值，等於兩原數值的比值」。另一方面，算術平均也可用類似方式描述，因為 $\bar{x} = \frac{a + b}{2}$，故

$$a + b = 2\bar{x}$$
$$a - \bar{x} = \bar{x} - b \qquad (7.10)$$

即「兩數值與算術平均的差相等」。

調和平均與「工作分配問題」這種經典題目之計算的概念類似。以下例題為工作分配問題的一個例子。

例題　A 與 B 要為一面牆刷上油漆。若讓 A 一人刷整面牆，需花費 10 天才能完成；若讓 B 一人刷整面牆，需花費 15 天才能完成。那麼，若讓 A 與 B 一起刷這面牆，需要幾天才能完成工作？

這個例題中「皆以總工作量作為被除數」，A 一天能完成總工作量的 $\frac{1}{10}$，B 一天能完成總工作量的 $\frac{1}{15}$。因此，當 A 與 B 同時工作時，一天可完成總工作量的 $\frac{1}{10} + \frac{1}{15} = \frac{1}{6}$。故若讓 A 與 B 一起刷這面

牆，僅需 6 天就能完成工作。

　　以上是「工作分配問題」的一般算法。但若換個想法，先計算「A 與 B 的平均工作能力」，那麼以這樣的能力，應需要 6 天的兩倍，也就是 12 天，才能完成這項工作。這裡的 12 天，其實就是 10 天與 15 天的調和平均。

7.5.4　中位數

　　算術平均有一個缺點，那就是容易被極端數值影響。舉例來說，假設有五個人的月收入為 20 萬、21 萬、21 萬、19 萬、100 萬日圓，那麼算術平均就是 36.2 萬日圓。但是 36.2 萬日圓這個平均值受到 100 萬日圓這個極端值很大的影響，並沒有辦法代表資料整體的狀況。

　　這時我們會選擇**中位數**作為代表值，也稱做**中值**。這是將所有數值按照大小排序，再選取位於正中間的數值。在這個例子中，將所有數據依大小排列後可得 100 萬、21 萬、21 萬、20 萬、19 萬日圓，故中位數為 21 萬日圓。這裡的中位數就不會受到極端值100萬日圓的影響了，即使極端值是1000萬日圓也不會影響到中位數。

7.6　變異數

　　雖然我們可以用單一數字做為代表值，代表整個分布的狀況。但只靠一個代表值仍無法顯示出「這個分布的分散程度」。讓我們看看這個例子，以下有 A、B、C 三組資料。

A: 0, 3, 3, 5, 5, 5, 5, 7, 7, 10
B: 0, 1, 2, 3, 5, 5, 7, 8, 9, 10
C: 3, 4, 4, 5, 5, 5, 5, 6, 6, 7,

　　這三組資料的平均都是 5，[3]故我們無法以平均來區別出這三組資料哪裡不同。事實上，這三組資料的差異在於**分散程度**。

3　本書以後所提到的「平均」，指的都是算術平均。

　　「分散程度」是一個統計用語，指資料內大大小小的數值之間有多大的差異。用來表示分散程度的統計量中，最簡單的是**全距**，也就是資料內最大值與最小值之間的差。A 與 B 的全距皆為 10－0＝10，C 則是 7－3＝4。

　　雖然 A 與 B 的全距相同，但若不看最大、最小的數值，這兩組資料的分散程度仍有差異。資料 A 中有許多接近 5 的數值，資料 B 中卻有較多遠離 5 的數值。然而計算全距時僅會用到最大值與最小值，故無法顯示出其它數值的分散程度有多大。因此，統計學中會使用接下來要說明的「變異數」與「標準差」來描述資料的分散程度。計算這兩個統計量時會用到分配內的所有數值，可用來表現各數值靠近平均值的程度。

　　各數值減去平均所得到的數稱作**偏差**，可用來表示個數值與平均值的差異。若求出「偏差的平均」，便可得知這組資料中的數值平均而言與平均值的差異是多少。但平均值是資料正中間的數值，故各數值的偏差將會是一堆圍繞在 0 周圍的正數與負數，且「偏差的平均是 0」。寫成數學式，當數值為 $x_1, x_2, \cdots, x_n$，且平均為 $\bar{x}$ 時，數值 x_1 與平均的偏差就是 $x_1 - \bar{x}$，x_2 與平均的偏差就是 $x_2 - \bar{x}$，…故由式（7.2）可得

偏差的平均

$$
\begin{aligned}
&= \frac{1}{n} \left\{ (x_1 - \bar{x}) + (x_2 - \bar{x}) + \cdots + (x_n - \bar{x}) \right\} \\
&= \frac{1}{n} \left\{ \left(x_1 - \frac{x_1 + x_2 + \cdots + x_n}{n} \right) + \left(x_2 - \frac{x_1 + x_2 + \cdots + x_n}{n} \right) \right. \\
&\qquad \left. + \cdots + \left(x_n - \frac{x_1 + x_2 + \cdots + x_n}{n} \right) \right\} \\
&= \frac{1}{n} \left\{ (x_1 + x_2 + \cdots + x_n) - n \times \frac{x_1 + x_2 + \cdots + x_n}{n} \right\} \\
&= 0
\end{aligned}
\tag{7.11}
$$

　　所以我們不會使用「偏差的平均」來表示分散程度，而是改用「（偏差）^{2} 的平均」。（偏差）^{2} 全都是正數，平均以後不會正負相消，故可以用「（偏差）^{2} 的平均」也就是「$\dfrac{各數值的偏差之平方的總和}{資料大小}$」來表示分散程度。計算所得就是所謂

的**變異數**。設各數值為 $x_1, x_2, \cdots, x_n$，資料大小為 n，平均為 $\bar{x}$，那麼變異數 σ^2 的計算方式如下。

$$\sigma^2 = \frac{1}{n}\{(x_1 - \bar{x})^2 + (x_2 - \bar{x})^2 + \cdots + (x_n - \bar{x})^2\}$$
$$= \frac{1}{n}\sum_{i=1}^{n}(x_i - \bar{x})^2 \tag{7.12}$$

另外，變異數的平方根又叫做**標準差**。[4]在計算變異數的過程中會把各數值平方，比方說，若資料的單位是 m（公尺），那麼變異數的單位就會是 m^2。資料的單位明明是公尺，變異數的單位卻變成為平方公尺，這在描述分散程度時會有些不方便。故我們會計算變異數的平方根，得到標準差，使其單位與原資料相同。

例題 試求出上例中資料 A、B 的變異數與標準差。

下表列出了資料A各數值的偏差與偏差的平方。以第一列數值為例，該數值為 0，而資料的平均是 5，故偏差為 0 - 5 = -5，而偏差的平方為 $(-5)^2 = 25$。將其它數值也以同樣的步驟處理。

將偏差的平方合計後可得 66，而資料大小為 10，故變異數為 $\frac{66}{10}$ = 6.6。標準差為變異數的平方根，即 $\sqrt{66}$ = 2.57。

資料 B 經過同樣的步驟計算後，可得變異數為 10.8，標準差為 3.29。由此可知資料 B 的分散程度比 A 大。

在說明算術平均時，我們提到可以由「平均 =〔組別值 × 相對次數〕的總和」計算次數分布資料的平均。由於變異數是「（偏差）^{2} 的平均」，故可得

變異數 =〔（偏差）^{2} × 相對次數〕的總和

換句話說

變異數 =〔（組別值 - 平均）^{2} × 相對次數〕的總和

---

4 源自於英語的standard deviation，有時也略稱為S.D.或SD。

表7-3 資料 A 的變異數

數值	偏差	（偏差）^{2}
0	$0 - 5 = -5$	25
3	-2	4
3	-2	4
5	0	0
5	0	0
5	0	0
5	0	0
7	2	4
7	2	4
10	5	25
平均 = 5		平均 $= \dfrac{66}{10} = 6.6$（變異數）

這就是由次數分布資料求取變異數的方法。

例題　試由表 7-1 的次數分布表求出資料的變異數

　　計算過程如表 7-4 所示。如同我們在 7.5.1 節中的計算結果，這個次數分布資料的平均為 59.2。以第一列數據為例，「15～25」之組別的組別值為 20，故該組別的偏差為 20 - 59.2 = -39.2。因此偏差的

表7-4 由次數分布表求出變異數

下限	上限	組別值	相對次數	偏差	（偏差）^{2}	（偏差）$^2 \times$ 相對次數
15	25	20	0.08	$20 - 59.2$ $= -39.2$	$(-39.2)^2$ $= 1536.64$	$1536.64 \times 0.08 =$ 122.93
25	35	30	0.06	-29.2	852.64	51.158
35	45	40	0.06	-19.2	368.64	22.118
45	55	50	0.16	-9.2	84.64	13.542
55	65	60	0.24	0.8	0.64	0.1536
65	75	70	0.16	10.8	116.64	18.662
75	85	80	0.18	20.8	432.64	77.875
85	95	90	0.06	30.8	948.64	56.918
						合計 363.36

平方為 $(-39.2)^2 = 1536.64$，而「（偏差）^{2} × 相對次數」則是 1536.64 × 0.08 = 122.93。如表所示，將各組別依此計算出來的數字全部相加起來後，可得到363.36，這就是這個次數分布資料的變異數。而它的標準差則是 $\sqrt{363.36} = 19.06$。

7.7　計算變異數時，為什麼要把數值平方呢？

　　在大學的統計學課程中，講到變異數的計算時，常會有同學問「若要將這些有正有負的偏差全部轉換成正數，為什麼不用絕對值處理就好，而是要將它們平方呢？」。不論是正數或負數，經過絕對值處理後都會得到正數。絕對值的符號是| |，舉例來說，|5| = 5，|−5| = 5。

　　將偏差以絕對值處理後，確實可以達成「將偏差全部轉換成正數再取平均」這樣的目的，看起來比平方還要簡單，然而事實上並非如此。對任何數來說，平方這種計算方式都是做相同的處理；但計算一個數的絕對值時，卻需依照這個數是正數或負數而有不同的處理方式「如果是正數的話就維持原樣，如果是負數的話就拿掉負號」。若以數學式來描述，x 的平方可以簡單寫成 $x^2 = x \times x$，但 x 的絕對值需寫成以下的樣子。

$$|x| = \begin{cases} x\text{，若 } x \geq 0 \\ -x\text{，若 } x < 0 \end{cases} \tag{7.13}$$

也就是說，計算絕對值時，需「視情形」使用不同處理方式。我們會希望能盡可能減少這種需視情形使用不同方式處理的狀況。在我們想要畫出 $y = |2x + 3| - 2$ 的圖形，或者碰到「試求不等式 $|x^2 - 2x - 5| < 2$ 的解」這種問題時，需判斷絕對值內的數何時是正數，何時是負數才行，非常麻煩。因此，我們很少會用「偏差的絕對值的平均」來描述資料的分散程度，較常用「偏差的平方的平均」。

　　而且，除了「偏差的平方」之外，還可以進一步推廣到「偏差的三次方」、「偏差的四次方」。這又叫做動差，可用來描述直方圖的形狀。

練習問題

1. 表 7-5 為某一資料的次數分布表，試求出資料的平均、變異數，將表填滿。

表7-5　練習問題1

組別	組別值	相對次數	組別值 × 相對次數	偏差	（偏差）^{2}	（偏差）^{2} × 相對次數
0～9（分）	5	0.04				
10～19	15	0.16				
20～29	25	0.08				
30～39	35	0.12				
40～49	45	0.10				
50～59	55	0.10				
60～69	65	0.12				
70～79	75	0.08				
80～89	85	0.18				
90～100	95	0.02				
合計			平均 =			變異數 = 標準差 =

2. 試指出以下各項關於「平均」的敘述哪裡不正確。

   (a) 氣象用語中的「雲量」指的是雲佔天空的比例。完全沒有雲的大晴天時，雲量為 0；而天空中完全布滿雲的陰天時，雲量為 10。某地的雲量平均約為 5，這表示這裡很常看到雲佔了一半天空的樣子。

   (b) 如同「人生五十年」這句話所述，100 年前的日本人，平均壽命不到五十歲。當時的女性通常會生五到六個小孩，故在小孩成年之後，她們的人生只剩下數年。

練習問題解說

1. 如表 7-6。

表7-6　練習問題1的解答

組別	組別值	相對次數	組別值 × 相對次數	偏差	(偏差)²	(偏差)² × 相對次數
0～9 (分)	5	0.04	5 × 0.04 = 0.2	5 − 49.8 = −44.8	(−44.8)² = 2007.04	2007.04 × 0.04 = 80.28
10～19	15	0.16	0.4	−34.8	1211.04	193.77
20～29	25	0.08	2.0	−24.8	615.04	49.20
30～39	35	0.12	4.2	−14.8	219.04	26.28
40～49	45	0.10	4.5	−4.8	23.04	2.304
50～59	55	0.10	5.5	5.2	27.04	2.704
60～69	65	0.12	7.8	15.2	231.04	27.72
70～79	75	0.08	6.0	25.2	635.04	50.80
80～89	85	0.18	15.3	35.2	1239.04	223.03
90～100	95	0.02	1.9	45.2	2043.04	40.86
合計		1.0	平均 = 49.8			變異數 = 696.95 標準差 = √696.95 = 26.4

2. (a) 對任何一組資料來說，「平均值為可能性最高的數值」一事並不一定成立。有些分配中，最常出現的是最大值與最小值，平均值反而很少出現。雲量就是一個很接近這種狀況的例子，如同各位所知，雲量為5的日數反而相當少。

正文的範例中，由次數分布表可看出，平均（59.2）所在的組別是次數最多的組別。就一般資料而言，我們看到的分布通常都是這個樣子。我們將在第 10 章、第 13 章講到「中央極限定理」時說明其理由。不過，就像這裡的例題一樣，許多分布並不是像這個樣子。而出現次數最多的數值又稱做**眾數**。以這裡的雲量為例，平均與眾數不一定會非常接近。

(b) 平均壽命指的是「0 歲嬰兒的平均餘命」。計算某個年齡的平均餘命時，需假設各年齡的死亡率今後都不會改變，並計算目前該年齡的人們預計還有多少餘命，再將之平均。與現在相比，過去許多人在還是嬰兒的時候就已夭折，或者在年輕的時候就因結核病而死亡。受到這些早死的數據影響，「0 歲的人未來可存活年數的平均」此一數值也會減少許多。然而早死的人卻不會影響到「40 歲的人未來可存活年數的平均」此一數值，故「平均壽命為 50 歲」，並不代表「40 歲的人的平均餘命為 10 年」。

第 **8** 章

相關、迴歸、
決定係數

8.1　相關關係與相關係數

8.1.1　多變量分析與相關關係

　　第 7 章中我們說明了「資料的分配」。「呈某種分布的資料」即是「測量某個對象或某種現象時所獲得的資料，是一群大小不一的數值」的意思。舉例來說，「日本男性的身高」就是一個分布，而這裡的「身高」是一群大大小小的數值，也稱做**變量**。統計學一言以蔽之，就是從呈某種分布的變量中萃取出資訊的學問。

　　在「日本男性的身高」的資料中，只有「身高」這個變量。然而，世界上許多資料是由兩個以上的變量所組成。像是「日本男性的身高與體重」這組資料內，就記錄了每個人的「身高」這個變量，以及「體重」這個變量，兩兩一組互相對應。而「入學考試的成績」這個資料內，就記錄了每個人的數學、英語…等複數科目（變量）的成績（數值）。

　　像這種由複數個變量所組成的資料就叫做**多變量資料**，用來處理多變量資料的統計方法則叫做**多變量分析**。本書將會介紹多變量分析中最基本的「相關分析」與「迴歸分析」。不管是多複雜的多變量分析方法，關注的永遠都是變量之間的**相關**，這是多變量分析中相當重要的概念。

　　所謂的相關，指的是兩個變量之間存在著某種關聯。比方說，試考慮「日本男性的身高與體重」這個由兩個變量所組成的資料。「身高高的人，體重一定比較重」嗎？有些人本來就比較胖，有些人本來就比較瘦，所以身高高的人，體重「不一定」會比身高矮的人還要重。

　　但我們可以想像，身高高的人骨架也比較大，體重「通常」會比身高矮的人還要重才對。其它像是「各都道府縣的人口與商家數」、「日本各都市的緯度與平均氣溫」等資料也一樣，我們可以想像，人口多的區域，店家數有比較多的「傾向」；緯度高的都市，氣溫有比較低的「傾向」。

像這種「變量間的連動增減傾向」，稱做變量間的**相關關係**。為進行較一般化的說明，前文例子中出現的「人」、「縣」、「都市」等擁有各種數值的實體，以下稱做**個體**。

在一組多變量資料中，若對一個個體來說，有「某個變量的數值越大時，另一個變量的數值也越大」或者「某個變量的數值越大時，另一個變量的數值就越小」這樣的傾向，就表示這兩個變量之間有相關關係。如果一個變量越大時，另一個變量也越大，就叫做**正相關**；如果一個變量越大時，另一個變量越小，就叫做**負相關**。

8.1.2　散布圖

在第 7 章中曾介紹過，我們可以用直方圖將單一變量的資料分布視覺化。相對於此，當我們想將多變量資料視覺化時，會使用**散布圖**這種工具。

表 8-1 列出了部分日本都市的緯度與平均氣溫。[1]這是由各都市的緯度與氣溫這兩個變量所組成的多變量資料，同都市的緯度與氣溫互相對應。若要將這個資料的分布情形視覺化，可將緯度與氣溫這兩個變量分別設為座標軸的橫軸與縱軸，再依照各都市的緯度與氣溫，標出各都市在座標上的位置。

舉例來說，札幌市位於北緯 43.05 度，年平均氣溫為 8.0°C，故在橫軸為 43.05，縱軸為 8.0 的位置做上記號。像這樣一一在座標軸上標出每個個體（這裡是都市）對應的位置後，便可得到如圖 8.1 的散布圖。本例的變量有兩個，故可將散布圖畫在只有橫軸與縱軸的平面上。當資料有三個以上的變量時，座標軸也會有三個以上，這樣的散布圖雖然無法畫在紙上，但處理方式仍相同。

由圖8.1的散布圖可以看出，各都市在座標軸上的分布大致呈現一條直線，故可得到「緯度越高時氣溫越低，緯度越低時氣溫越高」這樣的負相關關係。若資料中的兩個變量呈負相關，則散布圖會呈現這種左上右下的分布；若兩個變量呈正相關，則散布圖會呈現左下右上的分布。

1　引用自《日本列島大地圖館》（小學館）〔轉載自理科年表〕

表8-1　日本部分都市的緯度與氣溫

地名	緯度（度）	氣溫（℃）
札幌	43.05	8.0
青森	40.82	9.6
秋田	39.72	11.0
仙台	38.27	11.9
福島	37.75	12.5
宇都宮	36.55	12.9
水戶	36.38	13.2
東京	35.68	15.3
新潟	37.92	13.1
長野	36.67	11.4
靜岡	34.97	16.0
名古屋	35.17	14.9
大阪	34.68	16.2
鳥取	35.48	14.4
廣島	34.40	15.0
高知	33.55	16.3
福岡	33.92	16.0
鹿兒島	31.57	17.3
那霸	26.20	22.0

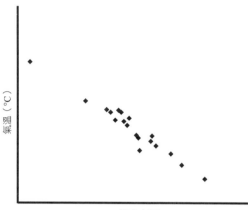

圖8.1　散布圖：緯度與氣溫的關係

8.1.3　共變異數與相關係數

　　我們除了可以用「正、負」來形容兩個變量的相關關係之外，也可以用「強、弱」來描述這兩個變量的連動強度。若「其中一個變量越大時，另一個變量通常也會變大，或者通常會變小」，且幾乎所有個體都有這樣的傾向，散布圖上的所有個體會幾乎落在同一條直線上，這種相關關係稱做**強相關**。另一方面，若這樣的傾向沒那麼強，有一些個體在這條直線上，也有一些個體不在直線上，這種相關關係就稱做**弱相關**。

　　用來表示相關關係的正負、強弱的數字，稱做**相關係數**。設一組多變量資料有 n 個個體，其變量 x 與變量 y 分別為 $(x_1, y_1), (x_2, y_2), \cdots,$ (x_n, y_n)，則 x 與 y 的相關係數 r_{xy} 為

$$r_{xy} = \frac{\sum_{i=1}^{n}(x_i - \bar{x})(y_i - \bar{y})/n}{\sqrt{\sum_{i=1}^{n}(x_i - \bar{x})^2/n}\sqrt{\sum_{i=1}^{n}(y_i - \bar{y})^2/n}}$$

$$= \frac{\sum_{i=1}^{n}(x_i - \bar{x})(y_i - \bar{y})}{\sqrt{\sum_{i=1}^{n}(x_i - \bar{x})^2}\sqrt{\sum_{i=1}^{n}(y_i - \bar{y})^2}}$$

（8.1）

這個式子好像出現得有點唐突，接下來就讓我們一一說明式子的各個部份吧。本式中用了兩種方式來表示相關係數 r_{xy}。上面的式子中，分母是兩個平方根的積。而平方根內的 $\sum_{i=1}^{n}(x_i - \bar{x})^2/n$ 中，$\bar{x}$ 為 $x_1, \cdots, x_n$ 的平均，也就是變量 x 的平均。

因此，這個部分就是變量 x 的變異數，取平方根後就會得到變量 x 的標準差。而旁邊的平方根是變量 y 的標準差，故相關係數的分母就是變量 x 的標準差與變量 y 的標準差的積。

另一方面，分子則是將同一個體的變量 x 偏差與變量 y 偏差相乘後平均的結果，稱為**共變異數**。讓我們用圖 8.2 來解釋什麼是共變異數吧。我們可以用 x 的平均值與 y 的平均值將散布圖的平面劃為四個領域，並觀察這四個領域的 $(x_i - \bar{x})(y_i - \bar{y})$。

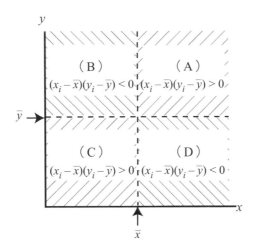

圖8.2　共變異數的概念

（A）領域中，$x_i - \bar{x} > 0$、$y_i - \bar{y} > 0$，乘積「正數 × 正數」為正

數，也就是 $(x_i - \bar{x})(y_i - \bar{y}) > 0$。若 (x_i, y_i) 越靠右上，乘積的數值就越大。而（C）領域中，$x_i - \bar{x} < 0$、$y_i - \bar{y} < 0$，乘積「負數 × 負數」還是正數，也就是 $(x_i - \bar{x})(y_i - \bar{y}) > 0$。若 (x_i, y_i) 越靠左下，乘積的數值就越大。另一方面，（B）與（D）領域中，乘積「正數 × 負數」為負數，也就是 $(x_i - \bar{x})(y_i - \bar{y}) < 0$。

若有四組資料，其散布圖分別如圖8.3所示，那麼，這四組資料的共變異數 $\Sigma_i (x_i - \bar{x})(y_i - \bar{y})$ 分別會是多少呢？

圖 8.3(a) 中，資料的個體大都位於圖 8.2 的（A）、（C）領域。因此，大部分個體的 $(x_i - \bar{x})(y_i - \bar{y})$ 為正數，將這些數加總後得到的 $\Sigma_i(x_i - \bar{x})(y_i - \bar{y})$ 也會是一個很大的正數。另一方面，(b) 的個體大多分布於（B）、（D）領域，故大部分個體的 $(x_i - \bar{x})(y_i - \bar{y})$ 為負數，加總後得到的 $\Sigma_i(x_i - \bar{x})(y_i - \bar{y})$ 會是一個絕對值很大的負數。故可知，(a) 為正相關、(b) 為負相關，共變異數的正負分別對應了相關的正負。

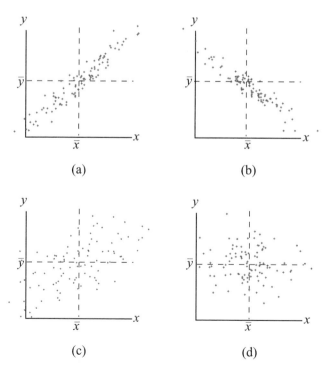

圖8.3　相關的正負、強弱

　　而在 (c) 中，大部分的個體位於（A）、（C）領域，廣泛分布在右上左下的區域，但也有一定數量的個體分布在（B）、（D）領域。位於（A）、（C）的個體，$(x_i - \bar{x})(y_i - \bar{y})$為正數；位於（B）、（D）的個體，$(x_i - \bar{x})(y_i - \bar{y})$為負數，故合計後得到的 $\Sigma_i(x_i - \bar{x})(y_i - \bar{y})$ 之值雖為正數，卻比 (a) 還要小。

　　圖 (a) 有著「當一個變量越大時，另一個變量也越大」的傾向，且這種傾向很強烈，屬於「強正相關」；而(c)的這種傾向則較弱，屬於「弱正相關」。我們可由共變異數的大小判斷相關的強弱。而 (d) 圖中，所有個體均勻分布於（A）、（B）、（C）、（D）等領域，因此將 $(x_i - \bar{x})(y_i - \bar{y})$ 的數值合計後，正負值互相抵消，幾乎等於 0。這代表這組資料既不是正相關也不是負相關，而是「沒有相關」或者是「無相關」。

　　本章一開始說「相關係數可用來表示相關關係的正負、強弱」，然而，我們卻花了那麼多時間說明什麼是共變異數。那麼，相關係數和共變異數之間又有甚麼關係呢？

　　相關係數是共變異數除以x與y的標準差之乘積後所得到的答案。經過除法調整之後，得到的相關係數更能精準描述相關的正負與強弱，也就是能「明確描述資料的傾向」，而不只是散布圖上的一堆點。

　　舉例來說，請觀察圖 8.4(a)、(b) 的兩個散布圖。這兩個散布圖中，點的分布範圍有很大的差異，但分布形狀相似，相關的強度也相同。(a) 的分布範圍比較廣，故 (a) 的共變異數也比較大。

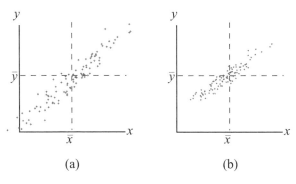

(a)　　　　　　　　　　(b)

圖8.4　相關係數相同的分布

不過，共變異數要除以 x 與 y 的標準差之後才會得到相關係數，也就是說，雖然 (a) 的共變異數比較大，但 (a) 的 x 與 y 的標準差也比較大，故相除後，(a) 與 (b) 會得到相同的相關係數。另外，相關係數在 −1 到 1 的範圍內。1 是完全正相關，−1 是完全負相關，0 則表示完全無相關。

例題　請使用表 8-1 資料中，長野～鹿兒島的數值，求出緯度與氣溫的相關係數。

如表 8-2 的過程計算後，再用前文提到的式子求出變異數、共變異數、相關係數。

- 緯度（氣溫）的變異數 $= \dfrac{[\text{緯度（氣溫）的偏差}]^2 \text{之和}}{\text{資料大小}}$

- 共變異數 $= \dfrac{[\text{緯度的偏差} \times \text{氣溫的偏差}] \text{之和}}{\text{資料大小}}$

- 相關係數 $= \dfrac{\text{共變異數}}{\sqrt{\text{緯度的變異數}} \times \sqrt{\text{氣溫的變異數}}}$

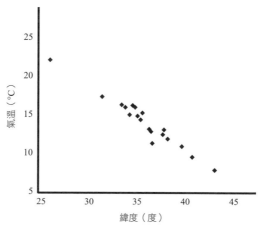

圖8.5　長野—鹿兒島之資料的散布圖

表8-2　試求相關係數

地名	緯度（度）	氣溫（°C）	緯度的偏差	左欄平方	氣溫的偏差	左欄平方	兩偏差的乘積
長野	36.67	11.4	21.18	4.752	−3.878	15.039	−8.454
靜岡	34.97	16.0	0.48	0.230	0.722	0.521	0.347
名古屋	35.17	14.9	0.68	0.462	−0.378	0.143	−0.257
大阪	34.68	16.2	0.19	0.036	0.922	0.850	0.175
鳥取	35.48	14.4	0.99	0.980	−0.878	0.771	−0.869
廣島	34.40	15.0	−0.09	0.008	−0.278	0.077	0.025
高知	33.55	16.3	−0.94	0.884	1.022	1.044	−0.961
福岡	33.92	16.0	−0.57	0.325	0.722	0.521	−0.412
鹿兒島	31.57	17.3	−2.92	8.526	2.022	4.088	−5.904
	緯度的平均 = 34.49	氣溫的平均 = 15.278		緯度的變異數 = 1.800		氣溫的變異數 = 2.562	共變異數 = −1.812 相關係數 = −0.844

　　圖8.5 為擷取長野—鹿兒島之資料所繪製而成的散布圖。計算所得的相關係數為 −0.844，由此可知緯度與氣溫之間的相關關係為強負相關。從散布圖也可看出這是很合理的結論。

　　若你會用電腦操作 Excel 之類的試算表軟體，或者是統計軟體，就不用像這樣每一個步驟都動手計算，只要將資料輸入至軟體內，馬上就能計算出相關係數了。但使用電腦計算時，最好還是確認一下算出來的相關係數和散布圖是否相符。若因為資料輸入錯誤而得到奇怪的結果，這個確認的動作可以幫助你找到哪裡出錯。

8.2　迴歸分析

　　在分析含有多個變量之資料時，可以用**迴歸分析**來瞭解某變量與其它變量的關係。前一節中提到我們可用相關分析來探討兩變量的「相關程度」，而迴歸分析則可讓我們看出「當某個變量的數值確定時，另一個變量的數值會是多少」，或者「找出一個函數，當我們把某個變數的變化量代入這個函數時，可以說明另一個變數的變化

量」。

　　拿前一節中「緯度越往北，氣溫越低」的例子來說，這個例子中，並非「由氣溫決定緯度是多少」，而是「由緯度決定氣溫是多少」。像這種由緯度決定氣溫的概念，稱做**模型**。而這個例子中，想求的函數就是「緯度每多 1 度時，氣溫會下降幾度」。

　　如表 8-1 或圖 8.1 所示，這個例子中的都市散落在散布圖上，沒辦法簡單看出「緯度每多1度時，氣溫會下降幾度」的函數是什麼。那麼，該如何計算出這個函數呢？

　　設緯度為 x，氣溫為 y，「由 x 決定 y」的關係，在統計學中稱做「以 x **解釋** y」，x 稱做解釋變數，y 稱做被解釋變數，而這種關係稱做 y 對 x 做**迴歸**。這個例子中，我們可由散布圖明顯看出兩變數間有直線關係，且是一條左上右下的直線。

　　當我們假設散布圖上的緯度 x 與氣溫 y 有直線關係時，就表示我們想要用「散布圖上的直線 $y = a + bx$」這樣的模型來解釋散布圖上的資料。而這種迴歸也稱做**線性單迴歸**。[2]

　　但是，即使我們假設的模型是一條直線，也不表示散布圖上的每

2　若使用非直線的函數，如指數函數、對數函數套入迴歸模型，稱做「非線性迴歸」。
　　另外，若模型有多個解釋變數，則該模型稱做「複迴歸」。

個個體都會落在這條直線上。因此需以一定標準，畫出一條「合理」的直線做為我們的模型才行。直線的形狀是由 $y = a + bx$ 的 a 與 b 等參數決定的，故我們必須藉由「合理」的方法來決定這些參數。

資料中各都市（個體）的緯度與氣溫為一個個數對，可分別表示為 $(x_1, y_1), (x_2, y_2), \cdots, (x_n, y_n)$（$n$ 為資料大小），並以 (x_i, y_i) 做為代表。若 x 與 y 間的關係可完全以 $y = a + bx$ 的模型來解釋，當 $x = x_i$ 時，代入模型可得 $y = a + bx_i$。然而，由 $y = a + bx_i$ 算出來的 y，卻會與 y_i 有所差異。

故我們需選擇適當的參數 a、b，使「所有 y_i 與 $a + bx_i$ 的差之合計」盡可能縮到最小，這時的 a 與 b 就是最適當的參數，由這時的 a 與 b 所決定的直線，就是「最合理」的直線。不過，「y_i 與 $a + bx_i$ 的差」可能為正也可能為負，若直接合計，就像前面直接將偏差合計一樣，會正負相消。故實際操作時，我們會將 y_i 與 $a + bx_i$ 的差之平方，也就是按照以下的式子計算

$$L \equiv \sum_{i=1}^{n} \{y_i - (a + bx_i)\}^2 \tag{8.2}$$

L 最小時的 a 與 b 即為最適當的 a 與 b。

之後的 8.4 節會說明如何計算出這裡的 a 與 b。這裡先將結果列出如下。

$$b = \frac{\sigma_{xy}}{\sigma_x^2}$$
$$a = \bar{y} - b\bar{x} \tag{8.3}$$

這裡的 σ_x^2 是 x 的變異數，σ_{xy} 是 x 與 y 的共變異數。$\bar{x}$ 與 $\bar{y}$ 在上一節中也有出現，分別代表 x 與 y 的平均。

這種「使模型與測量值之差的平方盡可能最小」的參數決定方法稱作**最小平方法**，由這種方法得到的一次方程式 $y = a + bx$ 稱作 y 對 x 的**迴歸方程式**，或者是**迴歸直線**。而迴歸直線的係數 b，則稱作**迴歸係數**。另外，若將式（8.3）代入 $y = a + bx$，可得

$$y - \bar{y} = b(x - \bar{x}) \tag{8.4}$$

當 $y = \overline{y}$，$x = \overline{x}$ 時，上式必成立，故點 $(\overline{x}, \overline{y})$ 一定會在迴歸直線上。換句話說，迴歸直線就是「斜率為 b 且通過點 $(\overline{x}, \overline{y})$ 的直線」。

例題　續前節例題，請由表 8-1 資料中的長野～鹿兒島的數值，求出迴歸方程式。

前節例題中已求出以下數字

- 氣溫的平均 $\overline{y} = 15.278$
- 緯度的平均 $\overline{x} = 34.49$
- 緯度的變異數 $\sigma_x^2 = 1.800$
- 緯度與氣溫的共變異數 $\sigma_{xy} = -1.812$

由這些數字可再算出

- 迴歸係數 $b = \dfrac{-1.812}{1.800} = -1.007$
- $a = 15.278 - (-1.007) \times 34.49 = 50.01$

故迴歸方程式為 $y = 50.01 - 1.007x$。

　　與之前求出相關係數時一樣，求出迴歸方程式後最好也要回去確認散布圖的樣子。圖 8.5 中，散布圖（僅長野～鹿兒島）的縱軸與橫軸（緯度）相交於橫軸 x 等於 31 的地方。將 $x = 31$ 代入迴歸方程式可得 $y = 50.01 - 1.007 \times 31 = 18.793$。由我們在第 5 章中對函數圖形的說明可以知道，迴歸直線會通過 $x = 31$（位於縱軸上），$y = 18.793$ 的地方。而斜率為 -1.007，幾乎等於 -1，這表示當 x（緯度）增加 1 度時，y（氣溫）大概會少 1 度。

　　由這些數值畫出圖 8.5 後，再加上迴歸直線，就可得到圖 8.6。由這張圖可以看出，散布圖上的點確實都沿著這條直線分布。建議在求出迴歸方程式後，最好能夠像這樣描繪出迴歸直線，確認計算是否

正確。

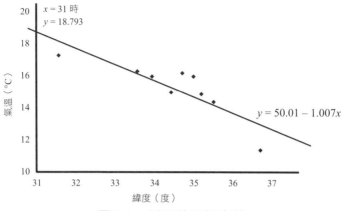

圖8.6　例題的迴歸直線

8.3　決定係數：可以決定什麼呢？

如前節所述，求出迴歸直線的參數 a、b 之後，即可得到迴歸直線 $y = a + bx$。對於任何一個 x_i，迴歸直線所對應的 y 值為 $a + bx_i$。這個值是在 $x = x_i$ 時，以迴歸直線的模型所估計出來的 y 值，故稱作 y 的**估計值**，以 $\hat{y}_i$ 表示。而實際資料 y_i 與估計值 $\hat{y}_i$ 的差，是在使用模型解釋 y 之後仍殘留下來的差，故稱作**殘差**，以 d_i 表示。它們的關係如圖 8.7 所示。

殘差是透過 x_i 與迴歸方程式估計 y_i 的數值時，沒有辦法估計到的部分。殘差與 x、y 的相關係數 r_{xy} 之間有以下關係。[3]

$$\sum d_i^2 = \sum (y_i - \hat{y}_i)^2 = (1 - r_{xy}^2) \sum (y_i - \bar{y})^2 \qquad (8.5)$$

至於為什麼能得到這個結果，由於過程有些複雜，故放在附錄 8.5.2 節中說明。

3　省略 Σ 符號上下的標記。

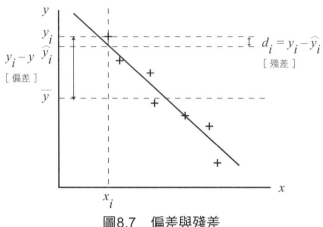

圖8.7　偏差與殘差

　　由這個式子可以看出，當 $r_{xy}{}^2$ 越接近 1 時，y 與 $\hat{y}_i$ 的差就越小。當 $r_{xy}{}^2 = 1$ 時，殘差為 0，此時若知道 x 的數值，便可用這個由最小平方法所求出的迴歸方程式，完全正確地估計出 y 的數值。故這裡的 $r_{xy}{}^2$，或者說「相關係數的平方」，也稱作**決定係數**。$r_{xy}{}^2 = 1$ 時，相關係數 r_{xy} 為 ± 1，是最強的相關關係，散布圖上的所有點都排列在同一條直線上。只要把這些點連起來，就可得到迴歸直線，殘差為 0。

　　我們可由以下方式說明決定係數的意義。將式（8.5）稍微變形之後可得到以下的式子。

$$1 - r_{xy}^2 = \frac{\sum d_i^2}{\sum (y_i - \bar{y})^2} = \frac{\sum d_i^2/n}{\sum (y_i - \bar{y})^2/n} \qquad (8.6)$$

式（8.6）等號右邊的分母為 y 整體的平均值與各個 y_i 的差的平方的平均，也就是偏差的平方的平均，即 y 的變異數。y 的變異數為「未將迴歸直線模型納入考慮時，原始 y 的分散程度」。另一方面，分子為殘差的平方的平均。殘差是「實際值與迴歸直線上之估計值的落差」，故分子代表著「將迴歸直線模型納入考慮時，以估計值 $\hat{y}_i$ 為中心之殘差的分散程度」。

　　由圖 8.8 可以看出，未將迴歸直線模型納入考慮時，原始 y 的分散程度，就是 y 的變異數。由於縱軸從上到下都有個體（分布圖上的

點）存在，故 y 的變異數很大。另一方面，殘差的平方的平均，就是將迴歸直線模型納入考慮時，以估計值 $\hat{y}_i$ 為中心之殘差的分散程度。由於個體沿著迴歸直線分布，故殘差的分散程度遠比y的分散程度還要小很多。

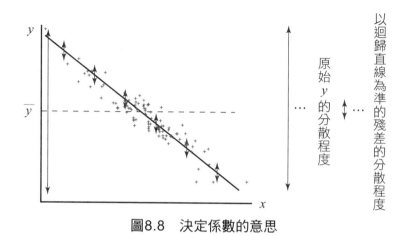

圖8.8　決定係數的意思

　　由式（8.6）可得知，這個分數為 $(1 - r_{xy}{}^2)$，也就是等於（1 − 決定係數）。換句話說，$(1 - r_{xy}{}^2)$ 就是以比值的形式表示「將迴歸直線模型納入考慮時，以估計值 $\hat{y}_i$ 為中心之殘差的分散程度」比「未將迴歸直線模型納入考慮時，原始 y 的分散程度」小多少。故 $r_{xy}{}^2$ 本身可用來表示在套用迴歸模型後，分散程度縮小的程度。

　　舉例來說，若 $(1 - r_{xy}{}^2)$ 為 0.2，就表示將模型納入考慮時之殘差分散程度，是未將模型納入考慮時之原始y分散程度的 20%。此時的 $r_{xy}{}^2$ 為 0.8，故在代入模型之後，可減少 80% 的分散程度。在統計學中，我們會說「這個迴歸直線模型可解釋 80% 的 y 變異數」。也就是說，y 之所以會出現變異，80% 的原因是「來自於這條直線」。

　　當 $r_{xy}{}^2 = 1$，也就是散布圖上的點完全位於一條直線上時，這條直線可減少 100% 的變異數，殘差 = 0，即資料的分散情形 100% 可由線性單迴歸解釋。

　　相關係數在 −1 到 +1 之間，如果相關係數是 0 的話為無相關，相關係數是 +1 的話為完全正相關。那麼當相關係數是 +0.5 時，代表這兩種變量是「中等程度的正相關」嗎？

　　圖 8.9 中，(a) 是相關係數為 0.5 時的散布圖，(b) 是相關係數為 0.7 時的散布圖。如圖所示，相關係數為 0.5 時，根本稱不上是中等程度的相關，而是幾乎找不到相關關係。這是因為當相關係數 r_{xy} = 0.5 時，決定係數 r_{xy}^2 = 0.25。也就是說，套入迴歸直線這個模型後所減少的變異數，或者說模型可解釋的變異數只佔了 25%，原始 y 的變異數還有 75% 仍殘留在迴歸直線的殘差中。

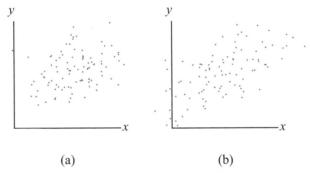

(a)　　　　　　　　　　　　(b)

圖8.9　(a) 相關係數為 0.5 時的散布圖 (b)相關係數為 0.7 時的散布圖

　　而當相關係數為 0.7 時，決定係數為其平方，也就是 0.49，大約等於 0.5，故其迴歸直線可解釋約一半的變異數。如圖所示，相關係數為 0.7 時，比較接近所謂「中等程度的正相關」的概念。

　　另外，若 x 可完全正確地決定 y，也就是說決定係數為 1，就表示「雖然我們以 (x_i, y_i) 的格式記錄資料，但因為只要知道 x_i，就可計算出 y_i 是多少，故沒有記錄 y_i 的必要」。而且，即使決定係數並沒有剛好等於 1，僅是非常接近 1，我們也可以說「只要知道 x_i，就知道 y_i 大概是多少了」。

　　在記錄資料時，若有不同的變量其決定係數接近 1，那麼只要記錄其中一個變量，當要用到其它變量時再用轉換公式算出其它變量的

數值就好，故可大幅減少資料的記錄量。這種概念是資訊科學中「資料壓縮」技術的基礎。

8.4 為了求出迴歸直線

8.4.1 微分與極值

接下來要談的是迴歸直線中，參數 a、b 的求取方式。只要使式（8.2）中

$$L = \sum_{i=1}^{n} \{y_i - (a + bx_i)\}^2 \qquad (8.7)$$

的 L 盡可能縮到最小，就可以算出 a 與 b 的值是多少了。這時我們會用到第 6 章中說明過的**微分**。這裡讓我們先說明如何用微分來求算函數的最小值。

第 6 章中，我們以平均速度與瞬時速度為例，說明計算微分就是求函數圖形在某個點上的斜率。如圖 8.10 所示，設橫軸為時間，縱軸為前進距離，那麼圖形上任兩點形成之連線的斜率，表示這兩點間的平均速度，而某個點的切線斜率則是這個點的瞬時速度。後者可由微分求算出來。

那麼，當某個點的斜率不是正數（往右上左下延伸的直線），也不是負數（往左上右下延伸的直線），而是 0 的話又會如何呢？如圖 8.11 所示，函數圖形中的山頂或谷底，其斜率就是 0，前者是函數的**極大值**，後者是**極小值**，兩者合稱**極值**。

若函數圖形中只有一處的微分為 0，那麼這個地方就是圖形的最高點或最低點，此處的函數值就是函數整體的最大值或最小值。而且，若已知這個點在圖形中是谷底，就可以確定這個微分為 0 的點之函數值是函數的最小值。

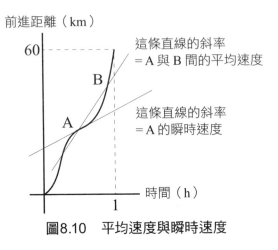

圖8.10　平均速度與瞬時速度

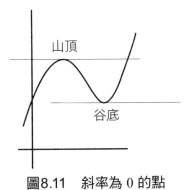

圖8.11　斜率為 0 的點

8.4.2　最小平方法與偏微分

　　接著讓我們試著用微分的概念求算式（8.7）中 L 的最小值吧。我們需將 L 這個函數微分，故需用到第 6 章中曾說明過的導函數求算方法。不過，我們在第 6 章中用來說明計算方式的 $f(x)$ 是 x 的函數，那麼 L 又是什麼變數的函數呢？

　　式（8.7）中有 a、b、x_i、y_i 等各式各樣的代數，而我們現在面對的問題是，當 a 與 b 等於什麼數值時，可使 L 變得最小。故現在我們會將 L 視為「a 與 b」的函數。

　　第 6 章中以 $f(x)$ 為例說明微分的計算方式時，變數只有 x 一個。

那麼當我們有 a 與 b 兩個變數時，又該如何計算呢。我們可以將 b 視為與微分無關的常數，也就是單純、不會改變的數字，僅將 a 視為變數，在此條件下將 L 對 a 微分。同樣的，我們也可以將 a 視為常數，將 L 對 b 微分。這種微分方式叫做**偏微分**，只對 a 微分時會以 $\dfrac{\partial L}{\partial a}$ 表示，只對 b 微分時則為以 $\dfrac{\partial L}{\partial b}$ 表示。[4]

式（8.7）中的 L 是 i 從 1 到 n 之各項合計，若只拿一個 i 來看，可以得到 $\{y_i - (a + bx_i)\}^2$ 這樣的式子。將這個式子展開，並依照 a 的降冪重新排列後可得

$$
\begin{aligned}
\{y_i - (a + bx_i)\}^2 &= (y_i)^2 - 2(a + bx_i)y_i + (a + bx_i)^2 \\
&= (y_i)^2 - 2ay_i - 2bx_iy_i + a^2 + 2abx_i + (bx_i)^2 \quad （8.8） \\
&= a^2 + 2(bx_i - y_i)a + \{(y_i)^2 - 2bx_iy_i + (bx_i)^2\}
\end{aligned}
$$

此式是由 a^2 項、a 的一次項，以及與 a 無關的常數項所組成。寫成這種形式的函數可看作是 a 的二次函數。

為了瞭解這個函數的圖形像什麼樣子，我們可以先考慮 $f(a) = a^2$ 這個函數，試著將其微分。由我們在第 6 章所說明的微分定義，可得到如下的計算過程。

$$
\begin{aligned}
f'(a) &= \lim_{h \to 0} \frac{(a + h)^2 - a^2}{h} \\
&= \lim_{h \to 0} \frac{a^2 + 2ah + h^2 - a^2}{h} \\
&= \lim_{h \to 0} \frac{2ah + h^2}{h} \qquad （8.9） \\
&= \lim_{h \to 0} (2a + h)
\end{aligned}
$$

最後一行中，令 $h \to 0$，可得 $f'(a) = 2a$。

由於 $f(a) = a^2$ 之圖形的斜率為 $2a$，當 a 增加時，斜率也會以一定的速率增加。故函數圖形如圖 8.12 所示，是一個「凹向上的拋物

4　常有人問 "∂" 這個符號要怎麼唸。這個符號的唸法很多，不管怎麼唸意思都一樣，數學家們常會唸成「rounded d」。

線」，拋物線的谷底，也就是拋物線最低的那個點，其微分為 0。當 $f(a) = a^2$ 時，$f'(a) = 2a$，而 $a = 0$ 時 $f'(a) = 0$。也就是說，$f(a)$在 $a = 0$ 有極小值，而極小值只有一個，故這個點就是函數的最小值。

式（8.8）的函數圖形也大致相同，是一個凹向上的拋物線。而當我們將 $\{y_i - (a + bx_i)\}^2$ 視為 b 的函數將其展開時，也可得到一個 b 的二次函數，這個函數的圖形亦為凹向上的拋物線。

若將 L、a、b 視為三個變數，在三維座標軸上畫出圖形，可得到圖 8.13。不論是 L 與 a 還是 L 與 b 皆為拋物線的關係，故整個圖形為一個呈拋物線狀的面（拋物面）。因此，當我們令 L 對 a 的偏微分 $\dfrac{\partial L}{\partial a}$ 以及 L 對 b 的偏微分 $\dfrac{\partial L}{\partial b}$ 皆等於 0，此時的 a 與 b 就位於拋物面的谷底，此時的 L 即為最小值。

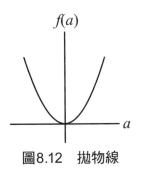

圖8.12　拋物線

　　總而言之，最小平方法需用到偏微分的技巧。在經過一連串的計算後，就能得到式（8.3）的 a、b 值。不過中間的計算過程稍嫌繁瑣，故我將其整理於附錄的 8.5.1 節。

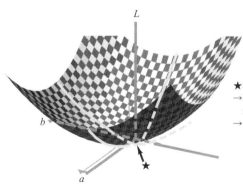

★標示的位置為函數對 a、b 的偏微分皆為 0 之處
→不管是在 a 的方向上還是在 b 的方向上，
　斜率都是 0
→曲面的「谷底」，L 最小

圖8.13　拋物面

 練習問題

試指出以下敘述哪裡不正確。

1. 國民所得與酒的消費量為正相關。故國民喝越多酒，所得就會越多。

2. 讓一所小學內所有一年級到六年級的學生考同一份考卷。考試結果顯示體格與成績為正相關，故體格與成績有直接關聯。

3. 某電器產品自發售以來，每年銷售量都是前一年的兩倍。故發售後經過的年數與銷售量有很強的相關，相關係數幾乎等於 1。

練習問題解說

1. 相關關係並不能說明「因果關係」。是因為所得增加，才喝很多酒；還是因為喝了很多酒，所得才增加。由一般的認知看來，前者較有可能是對的。然而，統計學上的相關關係並沒有辦法說明兩者間的關係前者還是後者。

　相關關係不僅不能說明任何因果關係，也沒辦法說明兩個變量中，是由哪一個變量決定哪一個變量。用這個例子來說，就算酒

的消費量與國民所得存在相關關係，也沒辦法說明是國民所得決定了酒的消費量，還是酒的消費量決定了國民所得。

至於迴歸分析，則如同我們在 8.2 節一開始所提到的「由一個變量決定另一個變量」般，需在進行分析之前，先確定哪個變量是主動，哪個變量是被動，才能開始分析。正文的例題便是以「緯度決定氣溫」的前提下進行分析的，而不是以「氣溫決定緯度」為前提。

2. 「讓一所小學內所有一年級到六年級的學生考同一份考卷。考試結果顯示體格與成績為正相關，故體格與成績有直接關聯」這是一個事實。但會有這個結果，是因為「每升一個年級，體格也會變比較大」、「年級越高，讀的書也越多。讓六年級生和一年級生考同一份考卷時，六年級生的表現會比較好」等理由，並不是因為體格與成績有直接關聯。

如圖 8.14(a) 所示，「年級與體格」及「年級與成績」之間確實有相關關係，這會使得「體格與成績」之間看起來似乎也有相關關係。這裡的「體格與成績」之間的相關，我們稱做**偽相關**。

雖然本書不會提到，不過某些方法可以在調查「體格與成績的關係」時排除「年級」的影響。有一點要特別注意的是，我們之所以能夠判斷圖 8.14(a)「『年級與體格』及『年級與成績』之間確實有相關關係，『體格與成績』之間是偽相關」是正確的，而圖 8.14(b)「『體格與年級』及『體格與成績』之間確實有相關關係，『年級與成績』之間是偽相關」不正確，是因為我們用到了統計學以外的知識。這個例子中用一般常識就可以判斷，但有相當多問題沒那麼容易判斷出哪邊是偽相關。

3. 「發售年數與銷售量的相關關係為 1」這句話的意思是「發售年數與銷售量為直線關係」。如題目所述「每年銷售量都是前一年的兩倍」，那麼當第一年的銷售量是 1 時，未來數年的銷售量便是 2^0、2^1、2^2、2^3，呈「指數函數」成長。若畫成散布圖可得圖 8.15(a)，如圖所示，這些點並沒有在同一條直線上，故相關係數並不是 1。不過，如果我們將表示銷售量的縱軸，從原本的「每增加

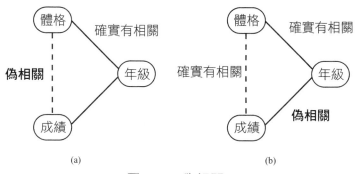

圖8.14　偽相關

一個刻度時，增加固定量」，改為「每增加一個刻度時，變為原刻度的一定倍率」的「對數尺度」，銷售量的 2^0、2^1、2^2、2^3 就會被轉換成其對數 0、1、2、3，此時便可看出年數與「銷售量的對數」呈線性關係，這時我們就可以斷定兩者間有相關。

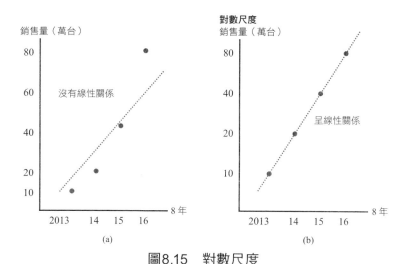

圖8.15　對數尺度

8.5 補充：推導數學式

8.5.1 對最小平方法的數學式偏微分，推導出迴歸係數（式（8.3））

將式（8.2）展開可得（以下省略 Σ 的小字標註）

$$
\begin{aligned}
L &= \sum_{i=1}^{n} \{y_i - (a + bx_i)\}^2 \\
&= \sum y_i^2 - 2b \sum x_i y_i - 2a \sum y_i + na^2 + 2ab \sum x_i + b^2 \sum x_i^2
\end{aligned}
\tag{8.10}
$$

將 L 分別對 a 與 b 偏微分，並令 $\dfrac{\partial L}{\partial a}$ 與 $\dfrac{\partial L}{\partial b}$ 為 0

$$
\begin{aligned}
\frac{\partial L}{\partial a} &= -2 \sum y_i + 2na + 2b \sum x_i = 0 \\
\frac{\partial L}{\partial b} &= -2 \sum x_i y_i + 2a \sum x_i + 2b \sum x_i^2 = 0
\end{aligned}
\tag{8.11}
$$

整理後可得以下聯立方程式（又稱正規方程式）。

$$
\begin{aligned}
na + \left(\sum x_i \right) b &= \sum y_i \\
\left(\sum x_i \right) a + \left(\sum x_i^2 \right) b &= \sum x_i y_i
\end{aligned}
\tag{8.12}
$$

另外，x 與 y 的平均可分別表示為

$$
\bar{x} = \frac{\sum x_i}{n}, \ \bar{y} = \frac{\sum y_i}{n}
\tag{8.13}
$$

將其帶入式（8.12）後可得

$$
\begin{aligned}
na + n\bar{x}b &= n\bar{y} \\
n\bar{x}a + \left(\sum x_i^2 \right) b &= \sum x_i y_i
\end{aligned}
\tag{8.14}
$$

式（8.14）的第一條方程式在整理後可得

$$
a = \bar{y} - b\bar{x}
\tag{8.15}
$$

而式（8.14）的第二條方程式減去 $\bar{x}$ 倍的第一條方程式後可得

$$
\left(\sum x_i^2 - n\bar{x}^2 \right) b = \sum x_i y_i - n\bar{x}\bar{y}
\tag{8.16}
$$

整理後可得

$$b = \frac{\sum x_i y_i - n\bar{x}\bar{y}}{\sum x_i^2 - n\bar{x}^2} \qquad (8.17)$$

另外，x 的變異數 σ_x^2 可分解如下

$$\begin{aligned} \sigma_x^2 &= \frac{1}{n} \sum (x_i - \bar{x})^2 \\ &= \frac{\sum x_i^2}{n} - 2\bar{x} \frac{\sum x_i}{n} + \bar{x}^2 \\ &= \overline{x^2} - \bar{x}^2 \end{aligned} \qquad (8.18)$$

故式（8.17）的分母可改寫為 $n(\overline{x^2} - \bar{x}^2) = n\sigma_x^2$。且 x、y 的共變異數 σ_{xy} 可分解如下

$$\begin{aligned} \sigma_{xy} &= \frac{\sum (x_i - \bar{x})(y_i - \bar{y})}{n} \\ &= \frac{1}{n} \left(\sum x_i y_i - n\bar{x}\bar{y} - n\bar{x}\bar{y} + n\bar{x}\bar{y} \right) \\ &= \frac{\sum x_i y_i}{n} - \bar{x}\bar{y} \end{aligned} \qquad (8.19)$$

故式（8.17）的分子可改寫為 $n\sigma_{xy}$。綜上所述，可得 $b = \dfrac{\sigma_{xy}}{\sigma_x^2}$。

8.5.2　殘差與相關係數（式（8.5））

由殘差的定義

$$\sum d_i^2 = \sum (y_i - \hat{y}_i)^2 = \sum \{y_i - (bx_i + a)\}^2 \qquad (8.20)$$

由正文中的式（8.3），用 b 表示 a，可得

$$\begin{aligned} \sum d_i^2 &= \sum \{y_i - (bx_i + (\bar{y} - b\bar{x}))\}^2 \\ &= \sum [(y_i - \bar{y})^2 - 2b(y_i - \bar{y})(x_i - \bar{x}) + b^2 (x_i - \bar{x})^2] \end{aligned} \qquad (8.21)$$

再將式（8.3）的

$$b = \frac{\sigma_{xy}}{\sigma_x^2} \qquad (8.22)$$

代入式（8.21）可得

$$\sum d_i^2 = \sum (y_i - \bar{y})^2 - 2\frac{\sigma_{xy}}{\sigma_x^2} \sum (y_i - \bar{y})(x_i - \bar{x}) + \left\{\frac{\sigma_{xy}}{\sigma_x^2}\right\}^2 \sum (x_i - \bar{x})^2$$

$$= \sum (y_i - \bar{y})^2 - 2\frac{\{\sum (x_i - \bar{x})(y_i - \bar{y})\}^2}{\sum (x_i - \bar{x})^2} + \frac{\{\sum (x_i - \bar{x})(y_i - \bar{y})\}^2}{\sum (x_i - \bar{x})^2}$$

$$= \sum (y_i - \bar{y})^2 - \frac{\{\sum (x_i - \bar{x})(y_i - \bar{y})\}^2}{\sum (x_i - \bar{x})^2}$$

$$= \sum (y_i - \bar{y})^2 - \frac{\{\sum (x_i - \bar{x})(y_i - \bar{y})\}^2}{\sum (x_i - \bar{x})^2 \sum (y_i - \bar{y})^2} \sum (y_i - \bar{y})^2 \qquad (8.23)$$

再由相關係數的定義，可得

$$\sum d_i^2 = \sum (y_i - \bar{y})^2 - r_{xy}^2 \sum (y_i - \bar{y})^2 = (1 - r_{xy}^2) \sum (y_i - \bar{y})^2 \quad (8.24)$$

第 **9** 章

機率

9.1　為什麼統計的書會提到機率呢？

　　學校教的數學中，常會將「機率」與「統計」放在同一個單元。的確，統計學常會處理與「機率」有關的問題，故統計學的書籍幾乎都會提到機率，而本書將關於機率的說明放在本章。

　　為什麼統計學需要考慮到機率呢？這是因為，即使我們想用前面提到的各種方法來研究資料的性質，有時卻無法完全調查過整個資料。這時就需要從資料中抽取出一部份數據來研究，推測資料整體的性質，這又叫做「推論統計」。

　　抽籤結果取決於偶然，故由抽籤結果推論資料整體的性質時，結論符合實際情況的程度也取決於偶然。

　　由這些偶然出現的結果，我們可以將「這樣的結果很常發生嗎？還是很少發生呢？」、「什麼樣的結果最常出現呢？」這些問題的答案數量化，這時就必須用到機率的概念。

　　下一章開始，我們會說明如何利用機率，以數量化方式表示推論統計的結果有多接近實際資料。本章會先說明機率是什麼，以及如何計算機率。

9.2　機率與「佔比」

9.2.1　由次數定義機率

　　假設現在我們抽籤時中獎。這表示我們在現實世界中確實抽中了獎，而不是抽到其它結果。

　　但我們也知道，並不是每次抽籤都會抽中獎，只是這次抽籤時偶然「抽到」而已。既然說是「偶然」，就表示還有其它可能性，換句話說，我們也可能會偶然抽到其它結果。在這個例子中，我們也可能會「沒抽中」。這種「結果由偶然決定的現象」又稱做**隨機現象**。

在思考機率時，隨時要把「可能性的集合」這個概念放在心上。在前面的例子中，可能性的集合指的就是「雖然這次出現了『中獎』的結果，但也有可能會出現『沒抽中』的結果」。而所謂的**機率**，就是以數字來表示「某種結果有多容易出現」。那麼，我們該怎麼用數字來表示某種結果有「多容易出現」呢？以下是其中一種想法。

> 從現在開始進行可能會出現某種結果的試驗，
> 並操作<u>足夠多的次數</u>，
> 那麼這種結果出現的機率，
> 就是真正出現這種結果之次數佔總試驗次數的比例。
> 故所謂「下一次出現這種結果的機率」，
> 只是將「考慮了足夠多試驗次數後，
> 計算出來的『某種結果出現次數佔總次數之比例』」，
> 當做<u>下一次</u>出現這種結果的機會而已。

舉例來說，假設我們抽籤抽了足夠多次，結果顯示中籤比例為 10 次有 3 次會抽中，故我們可以得到「中籤機率」為 0.3。換句話說，機率原本指的是「設想在未來進行足夠多次試驗」之後，得到的「某種結果出現次數佔總次數之比例」。但我們卻將這個比例描述成<u>下一次</u>出現這種結果的機會，像是「下次抽籤時，中籤率為 0.3」。

這裡說的「中獎」等「結果」，在機率論中稱做**事件**；促使事件發生的動作，如本例中的「抽籤」則稱做**試驗**。而這種機率的定義方式，稱做**依次數定義機率**。由於機率是「次數的佔比」，故其值介於 0 與 1 的範圍內（從 0% 到 100%）。且因為是「佔比」，故會用「大、小」來描述機率。日常生活中會用「高、低」來描述機率，但這在統計學上其實是不正確的。[1]

不過，這個「定義」中，「從現在開始進行可能會出現某種結果的試驗，並操作足夠多的次數」這樣的描述方式還是有些奇怪。

1　如果是要描述「可能性」，就可以用「高、低」來形容。

1. 如果是「從現在開始」，就表示機率是「未來才會發生」的事。但事實上，我們並不曉得未來會發生什麼事。「以過去的經驗為基礎，想像未來也會是同樣的情況」，雖然這種想法大致上還算可以接受，但沒有人能夠保證這樣的想像一定正確。

2. 定義中提到「足夠多的次數」，但究竟要多少次才能算是「足夠多」呢？數學中的「足夠多」，指的是「每個人都認為足夠多，若有人覺得不夠，能夠馬上增加到更多」。

   假如有人抽了十萬次籤，且幾乎所有人都認為「這樣就夠多了」。但只要有一個人說「不，十萬次還不夠多」，就必須回應這個人的要求「將抽籤次數馬上增加到十萬零一次」，像這樣想要幾次就有幾次，才叫做「足夠多」。當然，這麼一來就沒完沒了了，故現實中不可能做到這一點。

也就是說，以上說的「定義」雖然確實描述了什麼是機率。但實際上卻很難這樣測量機率，或者說「實際上根本不可能這樣測機率」。

即使我們知道中籤的機率是多少，也沒辦法保證下一次抽籤時一定會中獎，或者一定不會中。只能用「如果接下來你一直抽下去，長遠來看，每 10 次抽籤會有 3 次抽中」這樣的方式，來表現下一次抽籤時中籤的「容易度」，這就是機率的概念。

舉例來說，對職業賭徒來說，賭博就是他們的日常。考慮長遠的利益，他們會賭機率比較大的那一邊。事實上，就是因為有賭徒去找數學家討論賭怎麼玩骰子對他有利，才會有機率論這種數學理論出現。不過對只賭一次的人來說「機率大」並不代表「下一次賭博時一定會贏」。

既然如此，要是一生只抽一次籤，選擇中獎機率比較大的籤來抽還有意義嗎？不能說「沒有」，但各位讀者需知道的是，所謂的「中獎機率高」，其實是「長遠來看」時才會表現出來的樣子。

9.2.2　拉普拉斯的定義

高中以前的教科書中講到機率，並以骰子為例時，常會以「骰子

各面出現的機率皆為 $\frac{1}{6}$」做為前提。大學入學考試的數學問題中，也常會寫著「骰子各面出現的機率皆為 $\frac{1}{6}$」。

可是，若依次數定義機率，要算出下一次擲骰子時某一面出現的機率，就必須擲足夠多次骰子才能算得出來。而且，雖然我們說要擲「足夠多次」，但如同前頁的 2. 所述，不管擲幾次都不夠多。再者，就算我們擲了一萬次，且點數 1 出現次數都佔了總次數的 $\frac{1}{6}$，也只表示「過去如此」而已，之後再擲一萬次，仍可能完全不出現點數 1。這對應到前頁的 1.。

那麼，為什麼題目可以說「骰子各面出現的機率皆為 $\frac{1}{6}$」呢？這是因為每個人都認同以下兩點。

1. 各面出現的機率皆相等
2. 出現某一面的機率不會因為擲骰子的時間不同而改變

由此可推論出「骰子有六個面，且各面出現的機率皆相等，故各面出現的機率皆為 $\frac{1}{6}$」。

高中以前學到的機率問題，都會以類似的假設做為前提解題。在這類問題中，將機率的概念，也就是「某種結果之出現次數佔總次數的比例」的概念，無意中換成為「某種結果（如骰子的某一面）佔所有可能出現之結果的比例」。這種機率概念又稱做**拉普拉斯的定義**。

不過仔細想想，拉普拉斯的定義還是有點奇怪。雖然題目通常還會寫「若這樣的假設正確」，但我們需要擲足夠多次骰子，才能證實這樣的假設正確。於是陷入理解機率的困境。

也就是說，無論從哪個角度思考，機率的定義還是不夠完整。當我們想要討論某件事發生的機率時，一定要先在機率上做某些假設。舉例來說，從籤箱中抽籤時，需默認「每一張籤被抽中的機率都相同」這樣的假設，問題才能成立。在推論統計的題目中，也會假設資料服從某一「機率分布模型」。從下一章開始，我們將會說明什麼是

機率分布模型，以及推論統計理論。

　　讓我們由下面這個例題，進一步思考機率與假設的關係吧。

例題　「輪盤遊戲」是一種使用有輻射狀格子的輪盤遊玩的賭博遊戲。輪盤的格子黑紅相間，每一格標有不同數字。遊玩時會先旋轉輪盤，再將小球丟至輪盤上任其滾動，輪盤的旋轉停止時，小球會停留在某一格上。輪盤上，紅色與黑色的格子各佔一半。[2]當小球最後停留在紅色格子、黑色格子上時，分別稱做「開紅」或「開黑」。

假設一次輪盤遊戲中，開紅與開黑的機率永遠都是 $\frac{1}{2}$。那麼在連續十次開紅之後，下一次開黑的機率會比較高嗎？

　　就數學上來說，這個問題的答案非常簡單。題目既然都說「一次輪盤遊戲中，開紅與開黑的機率永遠都是 $\frac{1}{2}$」，那麼下一次開黑的機率也會是 $\frac{1}{2}$，因為這是這個例題的「假設」。

　　但是一定也有人不認同這樣的答案吧。既然機率是由次數來定義，而且已經連續十次開紅，那麼之後開黑的機率應該要比 $\frac{1}{2}$ 大一些，開紅及開黑的次數才能回到總遊戲次數的 $\frac{1}{2}$ 才對。

　　會這樣想，是因為由次數定義機率時，「足夠多」的意思與我們直觀上的想法並不一致。不管是擲十次骰子還是擲一萬次骰子，都不是「足夠多的次數」。連續十次開紅之後，並不代表接下來十次就會開黑。「開紅的機率與開黑的機率皆為 $\frac{1}{2}$」這件事，基本上是建構在「足夠多次數」的試驗之上才會成立。一直試驗下去，長久下來，才會看到開紅與開黑的次數各佔一半。

2　正確來說，除了黑色與紅色的格子以外，還有無色的「0」與「00」。

9.3　條件機率與「獨立」

　　統計學中常會出現「獨立」這個用語。簡單來說，假設某種隨機現象的結果不會影響到另外一種隨機現象，那麼我們就會說這兩種隨機現象獨立。舉例來說，假設有兩個籤箱，如果當一個籤箱中籤時，另一個籤箱也比較容易中籤，那麼這兩個籤箱就不是獨立關係。

　　嚴格來說，獨立的概念需以**條件機率**定義。「明天下雨的機率」與「氣象預報說明天會下雨時，明天下雨的機率」相比，一般人應該會覺得後者的機率比較高。後者這種機率就是所謂的條件機率。以下我們將使用骰子的各面出現機率為例，並輔以第 2 章中曾說明過的集合符號與文氏圖，說明條件機率是什麼。

　　試考慮如何以文氏圖表示骰子「擲出 3 點以下點數的機率」。骰子「可能擲出的點數」有 1、2、3、4、5、6 共六種，我們可用集合 Ω 來表示這六種事件。而「3點以下的點數」則有 1、2、3 共三種，我們可用位於 Ω 內部的集合 A 來表示這三種事件。

　　此時，「擲出 3 點以下的機率」就是集合 A 內元素所代表的事件發生的機率，可略稱為「事件 A 發生的機率」，以 $P(A)$ 表示。若將「集合 A 的元素數目」以 $|A|$ 表示，則 $P(A)$ 可寫成

$$P(A) = \frac{|A|}{|\Omega|} = \frac{3}{6} = \frac{1}{2} \tag{9.1}$$

接著，考慮「擲出偶數點數的機率」。同樣的，「偶數點數」共有 2、4、6 三種，我們可用集合 B 來表示這三種事件，而「擲出偶數點數的機率」$P(B)$ 如下

$$P(B) = \frac{|B|}{|\Omega|} = \frac{3}{6} = \frac{1}{2} \tag{9.2}$$

若將事件 A、B 化成文氏圖，則可得到圖 9.1。

　　再來，考慮「擲出 3 點以下，且是偶數點數的機率」。這個事件是集合 A 與集合 B 的交集，也就是集合 $A \cap B$，其機率 $P(A \cap B)$ 如下

$$P(B) = \frac{|A \cap B|}{|\Omega|} = \frac{1}{6} \tag{9.3}$$

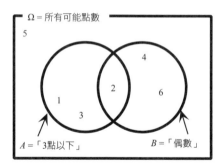 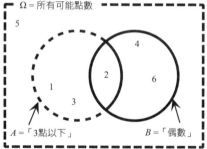

图9.1　兩個事件與文氏圖　　　　图9.2　條件機率

這裡請參考圖 9.2 的粗線部分，試著考慮 $\dfrac{|A \cap B|}{|B|}$ 這個分數。由於我們將分母從 $|\Omega|$ 換成為 $|B|$，故這裡的「偶數點數」才是「所有可能點數」。另一方面，$A \cap B$ 原本為「擲出 3 點以下，且是偶數點數」之事件，但因為我們現在只考慮「擲出偶數點數」的情況，故用「擲出 3 點以下點數」便足以描述 $A \cap B$ 內的事件了。因此，

$$\dfrac{|A \cap B|}{|B|} = \text{已知擲出偶數點數時（確定擲出的點數是偶數時），}$$
$$\text{這個點數是 3 以下的機率}$$

這樣的機率稱做「滿足 B 條件時，A 的條件機率」，可以用 $P(A|B)$ 來表示。因為 $P(A|B) = \dfrac{|A \cap B|}{|B|} = \dfrac{1}{3}$，故在知道「擲出偶數點數」這個資訊之後，「擲出 3 點以下點數」的機率為 $\dfrac{1}{3}$；而在沒有這個資訊時，「擲出 3 點以下點數」的機率為 $\dfrac{1}{2}$。所以，在知道這個資訊之後，擲出 3 點以下點數的機率會變小。也就是說，在「擲出偶數點數」這個資訊的影響下，「擲出3點以下點數」的機率會產生變化。

透過以下的計算過程

$$P(A \mid B) = \frac{|A \cap B|}{|B|} = \frac{\frac{|A \cap B|}{|\Omega|}}{\frac{|B|}{|\Omega|}} = \frac{P(A \cap B)}{P(B)} \tag{9.4}$$

我們可以用其它機率來表示條件機率。這也是條件機率的定義之一。

這裡要特別注意的是，此時分母與分子的機率皆需使用共同的事件 $|\Omega|$ 做為分母。

另外，由式（9.4）可得

$$P(A \cap B) = P(A \mid B)P(B) \tag{9.5}$$

也就是說

　　「事件 A 與事件 B 同時發生的機率」

　＝「在事件 B 已發生的條件下，發生事件 A 的條件機率」

　　×「事件 B 發生的機率」

這條式子亦顯示了 $P(A|B)$ 與 $P(A \cap B)$ 的不同。

那麼，如果上例中的事件 A 不是「3 以下的點數」，而是「2 以下的點數」，又是如何呢？此時「擲出 2 以下點數」$P(A) = \dfrac{1}{3}$，而 $P(A \cap B) = \dfrac{1}{6}$ 與 $P(B) = \dfrac{1}{2}$ 則不變，故 $P(A|B) = \dfrac{|A \cap B|}{|B|} = \dfrac{1}{3}$ 也不會變。

故此時 $P(A|B) = P(A)$，即「發生事件 A 的機率」與「在事件 B 已發生的條件下，發生事件 A 的條件機率」相同，故有沒有發生事件 B，並不會影響事件 A 發生的機率。此時我們會說事件 A 與事件 B 為**獨立**關係。

當事件 A 與事件 B 獨立時，由式（9.4）可以知道

$$P(A \cap B) = P(A)P(B) \tag{9.6}$$

要注意的是，上式並非任何時候都成立，只有當事件A與事件B獨立時，上式才成立。

9.4　機率的三大誤解

由於機率的概念與現實中會發生的事情有段差距，故有時並不是那麼好理解。不過，我們在日常生活中常會用到「機率」這個詞，這表示日常生活中我們確實需要用到機率的概念。然而，我們平常講到機率的時候，常對機率這個概念有一些誤解。我將常見的「機率的三大誤解」整理如下。

9.4.1 「誤以為獨立」

如前節的說明，「只有在事件 A 與事件 B 獨立時」，事件 A 與事件 B 同時發生的機率，才會是 A 發生的機率乘上 B 發生的機率。這又叫做「機率的乘法規則」，在「事件 A 與事件 B 獨立」這個前提下才成立。

不過，常有人誤解「這個規則在任何時候都成立」。舉例來說，考慮如圖 9.3 的兩階段式刮刮樂。規則是，當上排刮中時，才可以刮下排，而當下排也刮中時，才能得到獎品。由於上下排各有三個欄位，且只有一個欄位會中獎，故拿到獎品的機率應為 $\frac{1}{3} \times \frac{1}{3} = \frac{1}{9}$。一般人應該會這樣想，但這種想法並不完全正確。

若「刮中上排」的事件與「刮中下排」的事件為獨立關係，這樣的計算就是正確的。但如果像圖 9.4 這樣的話又會如何呢？這張刮刮樂「若上排是左欄中獎，則下排一定是中間欄中獎」，也就是說，上排中獎位置會影響下排中獎位置。

如果刮刮樂玩家知道這個規則，只要刮中上排，就一定也能刮中下排，故獲得獎品的機率是 $\frac{1}{3}$。這時，「刮中上排」與「刮中下排」就不是獨立事件了。

即使下排的中獎位置不完全受到上排中獎位置的影響，只要有一點點影響，上下排的中獎事件就非獨立時件。舉例來說，假設有張刮刮樂「若上排是左欄中獎，則下排是中間欄中獎的機率較高」，那麼當玩家刮中上排時，刮中下排的機率也比較高。我們將會在第 14 章中再次討論非獨立的抽籤。

9.4.2 「誤以為機率相等」

眼前有兩條路，其中一條可以通往目的地，而另一條則是死路。讓我們試著考慮這類有兩個選擇，且只有一個選擇會成功的問題。通常一般人會覺得，因為要從兩個選項中選擇一個，所以兩個選項的成功機率都是 $\frac{1}{2}$。然而事實卻不一定如此。

圖9.3　兩階段式刮刮樂

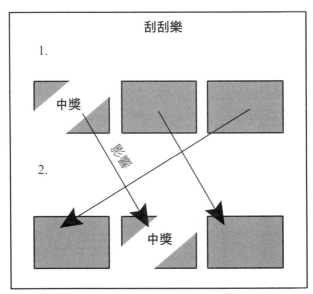

圖9.4　上排與下排並非獨立

「蒙提霍爾問題」就是一個很有名的例子。其遊戲規則大略如下。

主持人與來賓一起玩一個遊戲。眼前有三個看不到內容物的箱子，其中一個箱子裡有獎品。主持人會先請來賓選擇其中一個箱子，在開箱前，主持人會說「我知道哪個箱子裡有獎品。我會從另外兩個箱子中，選一個沒有獎品的箱子打開」，並打開一個空箱。

接著主持人會問來賓「現在請你決定要不要把選擇的箱子換成另一個還沒打開的箱子」。若改變選擇的箱子，會對來賓比較有利嗎？

來賓有「更換」或「不更換」所選擇箱子這兩種選項。但即使如此，也不表示來賓得到獎品的機率是 $\frac{1}{2}$。

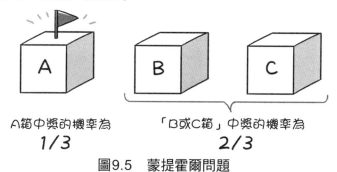

圖9.5　蒙提霍爾問題

如圖 9.5 所示，設三個箱子分別是 A、B、C，且來賓一開始選擇的是 A 箱。一開始時，因為我們沒有任何能幫助我們推論獎品在哪個箱子內的線索，故只能先承認獎品在各個箱子內的機率都是 $\frac{1}{3}$。此時，獎品在來賓所選擇的 A 箱內的機率是 $\frac{1}{3}$，在「B 或 C 箱」內的機率是 $\frac{2}{3}$。

接著主持人會從 B 與 C 中，選擇一個空箱打開。請注意，這個主持人是在知道 B 與 C 是否為空箱的情況下，選擇其中一個空箱打開。舉例來說，若獎品在 B 箱內，那麼主持人就沒辦法打開有獎品的 B 箱，只能打開 C 箱。而主持人的這個行動，並不會給來賓任何新的資訊。即使來賓看到「主持人打開了 B、C 中的某個箱子」，也沒有新的線索可以推論獎品在哪個箱子內。

因此，如圖 9.6 所示，當主持人打開空箱時，獎品在「B 或 C 箱」內的機率仍然沒有改變，還是 $\frac{2}{3}$。而由於「B 或 C 箱」的其中一個箱子已經被打開了，故獎品在另一個還沒打開的箱子內的機率就是 $\frac{2}{3}$。也就是說，「更換所選擇箱子」對來賓比較有利。[3]

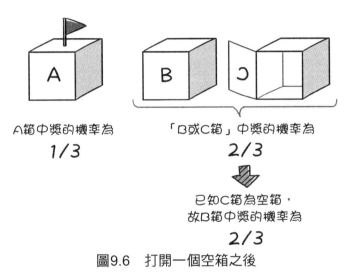

A箱中獎的機率為
1/3

「B或C箱」中獎的機率為
2/3

已知C箱為空箱，
故B箱中獎的機率為
2/3

圖9.6　打開一個空箱之後

3　嚴格來說，這個答案要成立，還需要「若獎品在來賓選擇的 A 箱內，主持人可以選擇打開 B 箱或 C 箱，主持人打開 B 箱與打開 C 箱的機率相等」這個條件才行。這是因為，如果來賓知道「若獎品在來賓選擇的 A 箱，則主持人一定會打開 B」，便能推論出「若主持人打開 B 箱，則獎品在 A 箱內的機率比 1/3 還要大」。詳細說明可參考 Jason Rosenhouse 所寫的《蒙提霍爾問題 史上最多人討論，誕生自電視節目的機率問題之介紹與解說》（松浦俊輔譯，青土社出版）一書。

9.4.3 「誤以為成本相同」

　　這種誤解與機率比較沒什麼關係，卻是常出現的誤解。機率問題中，通常會假設某些事件隨機出現。而這些問題中，又以前面提到的抽籤或猜獎品遊戲這種「發生某些事件時，可以得到獎品」的問題最為常見。如果事件是獎品，人們往往希望能夠得到獎品；如果事件是災害，人們則不希望災害發生。

　　在本章所介紹的抽籤或遊戲的例子中，不管選擇哪個選項，抽籤和選擇箱子的動作都是一樣的。或者說，因為不管選擇哪個選項，花在選擇上的心力都是相同的，故我們不會關心選擇選項時所花費的心力。但只有遊戲之類的例子不需在乎花費心力，是相對理想的情況。

　　處理現實問題時，選擇不同選項時，花費的心力與費用不同，花費的成本也會不同。以災害防範措施為例，假設有一棟堅固的建築物，若我們選擇再建一道高高的防波堤，那麼地震與海嘯對建築物造成的破壞就會減小，但執行這個選項時需付出不小的成本。一般而言，如果一項措施防範的是發生機率越小的災害，通常花費的成本也會越大。

　　因此，雖然要有萬全措施才能完美防範災害，但為了一個發生機率趨近於零的大型災害，而付出龐大費用執行防範措施，這樣真的是正確的嗎？如果有人相信「某月某日會發生大地震」這種奇怪的預言而舉家避難，並認為「就算預言失準，沒發生地震，那也沒關係啦」，這樣的行動還是蠻奇怪的。因為如果避難，就會出現搬家的費用以及停止工作所造成的損失，這些都是避難的成本。

 練習問題

1. 試回答以下各個問題。

　　(a) 「盜壘的結果可分為成功與失敗兩種，故盜壘成功與盜壘失敗的機率皆為五成」…這樣的敘述正確嗎？

　　(b) 每年到了職棒日本大戰的時候，運動報紙上常會出現「第一場

比賽獲勝的隊伍,最後拿到總冠軍的機率是多少」之類的文章。其內容會提到過去的日本大戰中,第一場比賽獲勝的球隊拿到總冠軍的次數,佔日本大戰總次數的比例。試問這和我們前面提到的機率一樣嗎?

(c) 刑事連續劇中,有時會有刑警說「他是犯人的機率非常大」。這裡的「機率」和我們前面提到的機率一樣嗎?

2. 在一個以冒險為主題的電腦遊戲中,在一個洞窟中獲得寶物 A 的機率 $P(A)$ 為 0.7,獲得寶物 $P(B)$ 的機率為 0.5。而在離開洞窟時,已知有獲得寶物 A 的玩家,也獲得了寶物 B 的機率 $P(B|A)$ 為 0.6,此時,

(a) 玩家在洞窟內獲得寶物 A,也獲得寶物 B 的機率是多少?

(b) 離開洞窟時,已知有獲得寶物 B 的玩家,也獲得了寶物 A 的機率是多少?

練習問題解說

1. (a) 「盜壘的結果可分為成功與失敗兩種」這句話是正確的,但我們並不曉得「盜壘成功的機率」與「盜壘失敗的機率」是否相等。各選手的能力與狀況不同,成功與失敗的機率也有所差異。

(b) 這類文章描述的僅為過去結果,對於之後將要發生的一次事件(最新一次日本大戰)完全沒有任何說明,故和我們前面提到的機率不一樣。

(c) 因為刑警說的話並不是「有足夠多的機會可判斷『他』是否為犯人,而這些機會中有相當程度比例的次數顯示他就是犯人」這個意思,故刑警說的並不是真的機率。刑警在這裡說的是「相信的程度」,或者說是「信心」,與我們前面提到的機率是不同的東西。不過我們可以將某些處理機率的方式,套用在這裡說的相信度、信心等「主觀機率」。「貝氏統計」就是在

討論這個概念的學問。[4]

2. (a) 所求機率為 $P(A \cap B)$，依條件機率的定義 $P(A \cap B) = P(B|A)$
$P(A)$，故 $P(A \cap B) = 0.7 \times 0.6 = 0.42$。

(b) 所求機率為 $P(A|B)$，依條件機率的定義 $P(A|B) = \dfrac{P(A \cap B)}{P(B)}$，故
$P(A|B) = \dfrac{0.42}{0.5} = 0.84$。

4　9.4.2 節中介紹的「蒙提霍爾問題」時提到「一開始時，因為我們沒有任何能幫助
我們推論獎品在哪個箱子內的線索，故只能先承認獎品在各個箱子內的機率都是 $\dfrac{1}{3}$
」。嚴格來說，這是「相信獎品在某箱子內的程度」，也就是主觀機率。

第 **10** 章

隨機變數與
機率分布模型

10.1 　隨機變數的概念

第 3 章中，我們曾提過數學式內 X、y 等用來取代數字的字母，可分為「常數」與「變數」。常數是「在數學式中以字母呈現，而在實際解題時，一開始便已決定這個字母是什麼數字，在解題的過程中，這個字母所代表的數字都不會改變」；另一方面，變數則是「在數學式中以字母呈現，但在實際解題的過程中，這個字母所代表的數字會一直變化」。

而本章要說明的變數，其所代表的數字不僅會一直變化，而且「所代表的數字還會隨機改變」。這樣的變數就叫做**隨機變數**。

第 9 章的一開始我們提到，當我們無法將整個資料完全調查過一遍時，就需要從資料中抽取出一部份數據來研究，推測資料整體的性質，這又叫做「推論統計」。我們可以用抽籤的例子來說明什麼是隨機變數。

第 9 章講到抽籤時，將抽籤結果分成「中獎」和「沒中」兩種。我們可以把抽籤設計得複雜一點，將抽籤結果分成「獎金：一等獎 10000 日圓、二等獎 100 日圓、沒中獎 0 日圓」，以獎金金額來表示結果。在這個抽籤中，會利用「抽籤」這種隨機行為來決定「獎金金額」的數值。因此，這裡的獎金可視為隨機變數。

我們可將各獎金金額與其機率整理成表 10-1。像這種將一個機率變數可能的數值以及其出現的機率整理出來，顯示出「機率變數等於某個值時的機率是多少」的圖表，稱做**機率分布**。而本例中，獎金這個機率變數的機率分布如表 10-1，故我們可以說「獎金這個隨機變數**服從**表 10-1 的機率分布」。

看到這個表，可能會讓你聯想到第七章中曾出現過的「次數分布」。若從第 7 章範例的次數分布表中，取出組別值與對應的相對次數，便可得到表 10-2。相對次數與機率都是「比例」的概念，兩者的本質相當接近。差別在於，相對次數是某種元素在包含「一定個數」數值之資料中所佔的比例，而機率則是某種事件在「足夠多次數」的試驗（本例為抽籤）中所佔的比例。

次數分布與機率分布有著非常密切的關係，這也是「推論統計」的基本原理。我們將在第 11 章、第 12 章中詳細說明。

表10-2 次數分布表中組別值及與其對應的相對次數

組別值	相對次數
20	8%
30	6%
40	6%
50	16%
60	24%
70	16%
80	18%
90	6%

表10-1 獎金的機率分布

獎金	中獎機率
100 日圓	1%
100 日圓	9%
0 日圓	90%

我們在第 7 章中曾說明過，如何從次數分布表計算出資料的平均與變異數。重述如下

- 資料的平均 =〔組別值 × 相對次數〕的總和
- 資料的變異數 =〔（組別值 − 平均）² × 相對次數〕的總和

既然次數分布與機率分布的本質相同，那麼將同樣的計算方式套用在機率分配上，應該也可以得到有相同意義的數值才對。換句話說，如同「資料的平均 =〔組別值 × 相對次數〕的總和」般，若我們計算出「〔隨機變數的可能數值 × 該數值的機率〕的總和」，應該也能得到「隨機變數的平均」之類的數才對。

這樣計算出來的結果確實是「隨機變數的平均」沒錯，但我們會特別用「隨機變數的**期望值**」來稱呼它。隨機變數的期望值與次數分布的平均有些不同，次數分布的平均是由某個現實中、大小固定的資料所計算出來的數值；期望值卻不是由有限次的試驗結果計算而來，而是在設想經過「足夠多的試驗」後所得到的平均數值。

舉例來說，在表 10-1 的例子中，「獎金」這個隨機變數的期望值為 1000 日圓 × 0.01 + 100 日圓 × 0.09 + 0 日圓 × 0.90 = 19 日圓。

這代表在抽籤抽足夠多次之後，平均每次抽籤所獲得的獎金為 19 日圓。

　　變異數也一樣。求取隨機變數之變異數的方法，與次數分布中求取某資料之變異數的方法相同。而隨機變數的變異數就沒有特別的名字了，一樣叫做「變異數」。隨機變數的變異數指的是，經過足夠多次的試驗之後，各試驗所得到的隨機變數值，其分散程度會有多大。

隨機變數之期望值與變異數的計算方式整理如下。

- 隨機變數的期望值＝〔隨機變數的可能數值 × 該數值的機率〕的總和
- 隨機變數的變異數＝〔（隨機變數的可能數值－期望值）^{2} × 該數值的機率〕的總和

10.2　機率分布模型與常態分布、中央極限定理

10.2.1　機率分布模型

　　10.1 節中，我們以抽籤為例，說明了隨機變數與機率分布。在抽籤的例子中，主辦抽籤的人可以自由設定每個等級的獎賞分別有多少

支籤，以決定「抽一次籤可獲得之獎金」這個隨機變數的機率分布。

　　反過來說，要從抽籤結果回推抽籤活動主辦人所設定的機率分布，則是相當困難的事。如果只抽了一次籤，且抽到的是一等獎，是不可能推論出如表 10-1 這樣的機率分配的。如果抽了好幾支籤，大概可以知道有中獎的籤是多是少。但即使如此，只憑幾次的抽籤結果，仍不可能正確地推論出表 10-1 的機率分布。

　　不過，某些我們常看到的隨機變數，其機率分布常有特定的「模式」。也就是說，隨機現象雖然會隨機發生，但各種隨機現象的發生都有其原因，並依循著某個框架，故會有某些特徵。

　　舉例來說，人們的體格各有不同，有些人體格比較大，有些人體格比較小。人的體格大小並沒有一定規律。

　　然而，就算不去衣服量販店也猜得到，世界上大部分的人是中等體格，體格很大或很小的人只佔了少數。因此，若「從所有日本男性中抽選出一位，並將這個人的身高視為一個隨機變數」，其機率分布應會顯示：選到中等體格的人的機率較大，選到體格很大或體格很小的人的機率比較小，這就是這個隨機變數的模式。

　　若能以數學來表示「機率分布的模式」，就能夠將其應用在推論統計的計算上。請回想一下我們在第 8 章中，說明「迴歸分析」時，

是如何計算「迴歸直線」的。當時我們將迴歸直線以 $y = a + bx$ 這個數學式模型來表示，再以最小平方方法，將資料帶入式子內，決定 a 與 b 分別是多少，便可得到迴歸直線。

因為迴歸直線由 $y = a + bx$ 這條方程式唯一決定，故只要決定參數 a、b 就能畫出迴歸直線。如果「機率分布的模式」能表示成數學式，只要能算出參數是多少，就可以推論機率分布。

以數學式表示機率分布的模式，這種概念也叫做**機率分布模型**。我們實際觀察到的隨機現象相當多樣，故用來表示機率分布模型的數學式也有無數個。

10.2.2　常態分布模型與中央極限定理

在這無數的機率分布模型中，最常出現於你我周遭的，是一種叫做**常態分布模型**的機率分布模型。前面範例所提到的「從所有日本男性中抽選出一位，並將這個人的身高視為一個隨機變數」，這個隨機變數所服從的機率分布，就幾乎可以用常態分布模型來表示。另外，當我們在測量某個數值，每次的測量值卻都不太一樣時，我們也常會把這個測量值當成一個隨機變數，並假設它的機率分布服從常態分布模型。

世界上有許多隨機現象都可以用常態分布模型來表示，這是因為**中央極限定理**的存在。簡單來說，中央極限定理的意思就是「若某個隨機變數是無數個彼此獨立之隨機變數的平均，那麼這個隨機變數所服從的機率分布，就會是一個常態分布」。這裡的平均是「算術平均」，也就是「將無數個彼此獨立之隨機變數，以加法的形式混在一起」的意思。

人們的體格之所以會各有不同，是因為祖先遺傳、飲食生活、生活環境等條件各有差異。而在測量體格時，測量用的器材也會受溫度影響而熱漲冷縮，測量人員在察看刻度時也可能會產生誤差。各種不同的原因就像是一個個隨機變數，在各種偶然之下產生了程度不一的偏差。將這些隨機變數加起來之後，就會得到常態分布。

中央極限定理的證明方法中，最基本的證明方法也會用到大學理

工科一、二年級時才會學到的分析數學知識，故本書不會提到數學上的證明方法。不過我們會在第 13 章中，以直觀的方式說明這個定理的意義。

10.2.3　常態分布模型的性質

　　我們在第 7 章中曾說明過可將次數分布視覺化的「直方圖」。機率分布與次數分布的本質相似，故我們也可以用直方圖來表示機率分布模型。若將常態分布模型的機率分布畫成直方圖，可得到圖 10.1。或許你會想，這哪裡是直方圖呢？

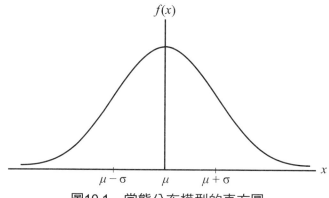

圖10.1　常態分布模型的直方圖

　　如同我們在第 7 章中所說的，直方圖是以長條的「面積」來表示相對次數。而當我們以直方圖表示機率分布時，長條的面積就不是相對次數，而是機率。這時，我們考慮的不只是「獎金有 10000 日圓、100 日圓、0 日圓」這種只有三種可能的抽籤結果，而是可能會等於任何數值的隨機變數。

　　如同我們在第 7 章中提到的，直方圖的長條面積代表相對次數或機率，且相鄰的長條可以合併，也可以分割。既然「隨機變數可能等於任何數值」，就得將機率分布中的組別切得非常細，使組距便得非常小。相當於將直方圖上的長條切得非常細，使每個長條都變得非常窄。

　　因此，當「隨機變數可能等於任何數值」時，其直方圖就會如 10.1 所示，成為看不到一個個長條的圖形。不過，長條面積所表示的機率還是相同。圖 10.2 左方的直方圖中，灰色部分的長條面積表示隨機變數的數值落在「某個範圍」內的機率。當我們把組距切得非常小，使直方圖看不到一個個長條時，灰色部分的面積仍代表同樣的機率。

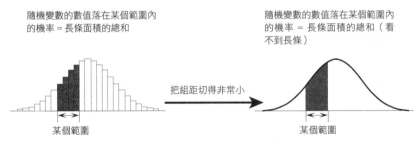

圖10.2　將長條切得非常細

　　正確來說，這種看不到長條的直方圖所表示的機率分布，稱做「連續型機率分布」，而直方圖的每個長條上緣連起來的曲線，則稱做「機率密度函數」。我們將在第 12 章中詳細說明這些名詞。

　　回到剛才的話題，當我們套用了某個機率分布模型，並計算出該數學式中的參數，就可以說明整體機率分配的樣子了。幸運的是，常

態分布模型只有期望值與變異數這兩個相對易懂的參數而已。若隨機變數X服從的機率分配為「期望值 μ，變異數 σ^2 的常態分布」，那麼我們會說「隨機變數 X 服從常態分布 $N(\mu, \sigma^2)$」，或者也可以只用符號表示為「$X \sim N(\mu, \sigma^2)$」。[1]

　　如圖 10.1 所示，若將常態分布模型的機率密度函數畫成圖，可得到一條在期望值 μ 處最高，呈左右對稱的曲線。而曲線中央凸起部分的寬度，則由標準差 σ 決定。[2]另外，圖形兩端會越來越靠近橫軸，但永遠不會與橫軸接觸，而是往左右兩邊無限延伸。

　　圖 10.3 中畫出了期望值為 0，標準差為 0.5、1.0、2.0（譯註：對照本頁圖形，原文的 1.5 應為誤植）時之常態分配的機率密度函數。標準差越大，圖形中央凸起的寬度就越大，凸起的高度就越低。

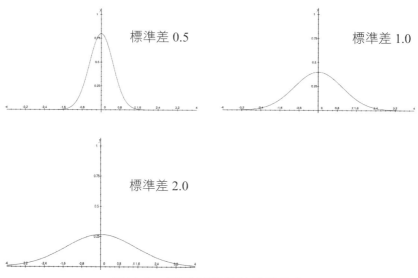

圖10.3　不同標準差的常態分布

　　常態分布有以下這個很重要的性質。

1　N為normal的N，來自常態分布的英文 "normal distribution"。
2　正確來說，橫軸的 $\mu + \sigma$ 與 $\mu - \sigma$ 位置，為曲線的反曲點（凹向上與凹向下的切換處）。

若隨機變數 X 服從期望值為 μ，變異數為 σ^2 的常態分布 $N(\mu, \sigma^2)$，那麼隨機變數 $\dfrac{X-\mu}{\sigma}$ 服從常態分布 N(0, 1)。

讓我們用圖 10.4 來確認這樣的操作。所謂的隨機變數 $\dfrac{X-\mu}{\sigma}$，是將隨機變數 X 的每一個可能數值皆減去 μ 再除以 σ 後，得到的一個新的隨機變數。要注意的是，若隨機變數的期望值為 μ，變異數為 σ^2，那麼，就算原本的隨機變數 X 不是常態分布，$\dfrac{X-\mu}{\sigma}$ 的期望值也會 是 0，變異數也會是 1。

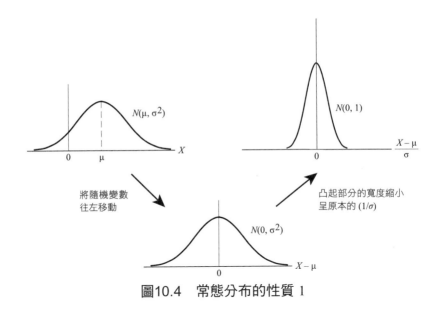

圖10.4　常態分布的性質 1

這是因為，當隨機變數 X 的期望值為 μ，我們又將隨機變數 X 的所有可能數值都減去 μ 時，不管原本 X 是多少都會被減去 μ，故計算出來的期望值，也就是平均數值也會少掉 μ，而 $\mu - \mu = 0$，所以轉換後的隨機變數期望值會等於 0。這項操作僅是將隨機變數中每一個可能數值都減去 μ，並沒有改變機率分布的分散程度，故變異數仍保持為 σ^2。

接著,所謂將機率變數 $(X-\mu)$ 除以標準差 σ,是將機率變數 $(X-\mu)$ 的每一個可能數值都乘以 $\frac{1}{\sigma}$。變異數的計算過程中包含了平方,故當機率變數除以 σ 之後,其變異數會變為原來的 $\frac{1}{\sigma^2}$。原本的變異數為 σ^2,故變數轉換後變異數會變成 $\frac{\sigma^2}{\sigma^2}=1$。

而這裡要說的「常態分布的重要性質」,並不是隨機變數 $\frac{X-\mu}{\sigma}$ 的期望值是 0,變異數是 1。而是,

若隨機變數 X 服從常態分布,那麼,轉換後的隨機變數 $\frac{X-\mu}{\sigma}$ 會服從期望值為 0,變異數為 1 的<u>常態分布</u>。

這裡講到的期望值為 0、變異數為 1 的常態分布,也就是 $N(0, 1)$ 也稱做**標準常態分布**。本書之後的內容中,會將這個性質稱做「常態分布的性質 1」。

當我們要求算某個服從常態分布模型之隨機變數,其數值在某個範圍內的機率時,需如圖 10.2 般,計算灰色部分的面積。我們可以用第 6 章所介紹的積分方法計算這塊面積。但事實上,我們也不需要真的去計算這個積分,因為已有人將積分的計算結果整理成「常態分布表」這個數值表。本書最後就附有這個常態分布表。而 Excel 等試算表軟體,也有各種與常態分布有關的函數供使用。

常態分布表中的數字代表「服從標準常態分布的隨機變數 Z 在某個值 z 以上的機率」,即 $P(Z \geq z)$,[3]相當於圖 10.5 之機率密度函數的灰色部分面積。由於標準常態分布的機率密度函數以 $z = 0$ 為軸左右對稱,故常態分布表中只會記錄 $z \geq 0$ 的情況。

不管一個服從常態分布的隨機變數 X 之期望值、變異數是多少,只要利用剛才提到的「常態分布的性質 1」,以及常態分布表,就可以知道 X 在某個值 x 以上的機率是多少。讓我們來看看以下的例題吧。

---

3 服從標準常態分布的隨機變數,常會用字母 Z 來表示。

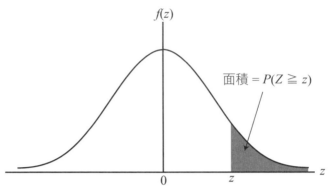

圖10.5　服從標準常態分布的機率密度函數圖形中「隨機變數 Z 在某個值 z 以上的機率」$P(Z \geq z)$

> **例題**　隨機變數 X 服從期望值為 50、變異數為 10^2 的常態分布 $N(50, 10^2)$。
> 1. 試求 X 在 60 以上的機率，即 $P(X \geq 60)$。
> 2. 試求 X 在 50 以上、60 以下的機率，即 $P(50 \leq X \leq 60)$。

　　由常態分布性質 1，可藉由 $Z = \dfrac{X - 50}{10}$ 之式子將X轉換成隨機變數 Z，而 Z 服從標準常態分布 $N(0, 1)$。

1. $X = 60$ 時，$Z = \dfrac{60 - 50}{10} = 1$，故所求機率為 $P(Z \geq 1)$。

　　欲以常態分布表求出「服從標準常態分布之隨機變數 Z 在 z 以上之機率」，需由最上列與最左行找到 z 值，再查看與之對應的機率值。

　　圖 10.6 為部分常態分布表的樣子。最左行為 z 值的小數第一位，最上列則是 z 值的小數第二位。剛才的例題中，z 值為 1.00，故需在最左行找到 1.0，最上列找到 0.00。而 1.0 這一列與 0.00 這一行交會的欄位顯示的數字為「0.15866」，這就是「服從標準常態分布之隨機變數 Z 在 1.00 以上的機率」，也就是 $P(Z \geq 1)$ 的值。

	0.00	0.01	0.02	0.03	0.04	0.05	
0.0	0.50000	0.49601	0.49202	0.48803	0.48405	0.48006	
0.1	0.46017	0.45620	0.45224	0.44828	0.44433	0.44038	
0.2	0.42074	0.41683	0.41294	0.40905	0.40517	0.40129	⋯
0.3	0.38209	0.37828	0.37448	0.37070	0.36693	0.36317	
0.4	0.34458	0.34090	0.33724	0.33360	0.32997	0.32636	
⋮							
1.0	0.15866	0.15625	0.15386	0.15151	0.14917	0.14686	⋯

圖10.6　常態分布表的查詢方法

2. $X = 50$ 時，$Z = \dfrac{50 - 50}{10} = 0$，故所求機率為 $P(0 \leq Z \leq 1)$。這個機率會等於圖 10.7(a) 的灰色部分面積。

讓我們先看看圖 10.7(b) 的灰色部分面積，也就是整條曲線底下的面積會是多少。由於曲線往左右無限延伸，故這個機率可以表示為 $P(-\infty < Z < \infty)$，∞ 是無限大的意思。由於這個機率是隨機變數 Z「等於任何可能數值」的機率，故等於 1（100％）。而圖 10.7(c) 的灰色部分面積為 Z 在 0 以上的機率，即 $P(Z \geq 0)$，且是圖 10.7(b) 之灰色部分面積的一半，故等於 0.5。

因此，如圖 10.7(d) 所示，欲求之 $P(0 \leq Z \leq 1)$ 等於 $P(Z \geq 0)$ $- P(Z \geq 1)$。如前所述，$P(Z \geq 0)$ 等於 0.5，而我們亦在本例題 1. 中計算出 $P(Z \geq 1)$ 等於 0.15866，故 $P(0 \leq Z \leq 1) = 0.5 - 0.15866 =$ 0.34134。

現在只要有試算表軟體或統計分析軟體，將期望值、變異數、隨機變數的數值範圍輸入函數後，馬上就可以計算出機率。而不需像例題這麼麻煩，要先將其轉換成標準常態分布，再去查常態分布表。但我認為，讀者們至少應該要親自體驗過幾次這種畫出圖形、手動查表的過程。這是因為，若是習慣於「輸入數值後馬上就能得到答案」，卻不曾瞭解過計算過程，要是輸入數值時發生了什麼重大錯誤，也不會曉得自己錯在哪裡。

筆者在自己的研究中，若需進行統計處理，一定會手動計算一部分資料，以確定處理過程沒有錯誤。

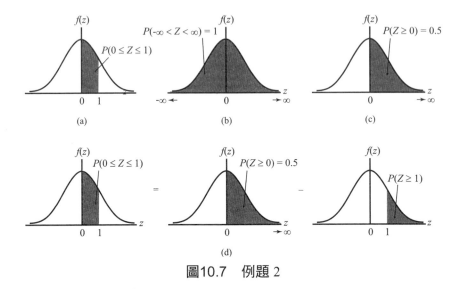

圖10.7　例題 2

 練習問題

設隨機變數 X 服從期望值 40、變異數 5^2 的常態分布 $N(40, 5^2)$，試求出以下機率。

1. $P(X \geq 50)$
2. $P(X \leq 35)$
3. $P(25 \leq X \leq 55)$
4. $P(45 \leq X \leq 50)$

練習問題解說

隨機變數 X 服從常態分布 $N(40, 5^2)$。設 $Z = \dfrac{X-40}{5}$ 由常態分布的性質 1，可知 Z 服從標準常態分布 $N(0, 1)$。以下解說可對照圖 10.8 閱讀。

1. 當 $X = 50$ 時，$Z = \dfrac{50 - 40}{5} = 2$，故所求機率為 $P(Z \geqq 2)$。由常態分布表可得 $P(Z \geqq 2) = 0.022750$。

2. 當 $X = 35$ 時，$Z = \dfrac{35 - 40}{5} = -1$，故所求機率為 $P(Z \leqq -1)$。

   因為常態分布的直方圖（機率密度函數）為左右對稱，

   故 $P(Z \leqq -1) = P(Z \geqq 1)$，

   再由常態分布表可得 $P(Z \leqq -1) = 0.15866$。

3. 當 $X = 25$ 時，$Z = \dfrac{25 - 40}{5} = -3$；當 $X = 55$ 時，$Z = \dfrac{55 - 40}{5} = 3$，故所求機率為 $P(-3 \leqq Z \leqq 3)$。

   $P(-3 \leqq Z \leqq 3) = 1 - (P(Z \leqq -3) + P(Z \geqq 3))$。

   由常態分布表可得 $P(Z \leqq -3) = P(Z \geqq 3) = 0.0013499$，

   故 $P(-3 \leqq Z \leqq 3) = 1 - 2 \times 0.0013499 = 0.99730$。

4. 當 $X = 45$ 時，$Z = \dfrac{45 - 40}{5} = 1$；當 $X = 50$ 時，$Z = \dfrac{50 - 40}{5} = 2$，故所求機率為 $P(1 \leqq Z \leqq 2)$。$P(1 \leqq Z \leqq 2) = P(Z \geqq 1) - P(Z \geqq 2)$，

   由常態分布表可得 $P(Z \geqq 1) = 0.15866$，$P(Z \geqq 2) = 0.022750$，故 $P(1 \leqq Z \leqq 2) = 0.15866 - 0.022750 = 0.13591$。

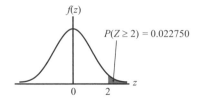

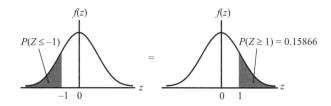

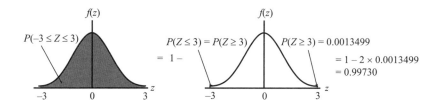

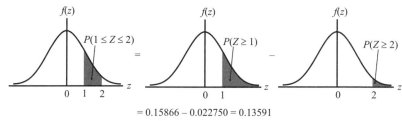

圖10.8　練習問題解說

第**3**部

統計學進階篇

第 **11** 章

推論統計與大數法則

11.1　推論統計是在做什麼呢？

在第 8 章以前，我們說明了如何將資料整理成次數分布表，以及如何計算次數分布資料的平均與變異數。若想得到次數分布表，就必須調查資料中所有數值是多少。之前的例子中提到了日本所有男性身高的分布，但就現實情況而言，我們不可能去調查所有日本男性的身高分別是多少。

碰上這種難以調查整體情況的資料時，我們會先蒐集資料內的部分數據，再由其結果推論資料的次數分配，或者至少推論出資料的整體平均與變異數。這就是所謂的**推論統計**，基本上這種方法與「抽籤」的概念大致相同。

推論統計方法中，僅使用一小部分資料推論整體資料的情形，故推論結果可能會與實際狀況有所落差。

舉例來說，假設我們蒐集了十名日本男性的身高資料，並想以此推論出全日本男性身高的平均。若蒐集到的資料中有些人身高比較高、有些人比較矮，十人身高各有不同，由這十人的身高所算出來的平均，應該會比較接近全體日本男性的平均才對。但如果我們蒐集到的資料都是身高在 180 cm 以上的日本人，那麼，就會得到「全日本男性身高的平均為 185 cm」這種錯誤的結論。

當然，我們並不是「故意」選擇身高較高的人，故意推論出錯誤的結論。然而，當我們在選出這十人時，我們還不曉得日本男性的平均身高是多少，也不曉得幾 cm 算高、幾 cm 算矮。我們之所以會覺得「身高 180 cm 應該算蠻高的吧」，是來自我們過去的經驗。所以就算我們不曉得「日本男性平均身高」的正確數值，也可以猜出個大概。如果是外星人，就對日本人的身高完全沒概念了，所以，也不曉得怎樣的人才能算是「身高高的人、身高矮的人、各種身高不同的人」。

因此，我們需要「公正抽選」這十個人。「公正抽選」指的是抽籤時「不管是誰，被抽選到的機率都一樣」。即使是公正抽選，抽到的也可能都是身高較高的人，而得到錯誤的結論。不過，若日本男性

中，很少人的身高在 180 cm以上，公正抽選出來的十人中，有人在 180 cm 以上的可能性就會比較低，故由公正抽選出來的資料推論出錯誤結果的可能性較低。

　　推論統計中，會將這種抽選方式稱做**隨機抽取樣本**。而像「全日本男性的身高」這種欲調查之資料叫做**母體**，為調查而抽選出來的數值之集合稱為**樣本**，抽選出來的數值個數則稱做**樣本大小**。[1]

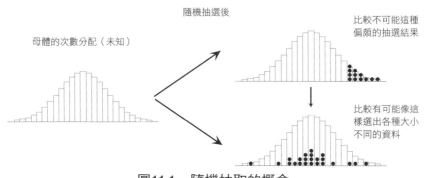

圖11.1　隨機抽取的概念

11.2　次數分布與樣本的機率分布

　　「若籤箱內中獎的籤佔所有籤的比例為 20%，那麼中籤率就是 20%」，這聽起來很合理吧，但事實上真的是這樣嗎？

　　這句話為真的前提是「每張籤被抽中的機率在任何時候都相等」。也就是說，籤箱內不會有某張籤特別容易被抽到、中籤後的下一次抽籤亦不會比較難中籤。這就是所謂的「公正抽選」。前節中提到的「隨機抽取」也是一樣的意思。

　　所以說，公正抽選需滿足

　　1. 不管是哪支籤，被抽到的機率都相同。

1　「樣本」這個字與「資料」一樣，指的是數值的集合，故我們不會將抽選出來的數值個數稱做「樣本數量」。

2. 不論抽中了哪支籤，都不會影響到其他支籤被抽中的機率。

這兩個條件。第二個條件指的是，當我們抽許多次籤時，每次抽籤各自「獨立」（我們曾在第 9 章中說明獨立的概念）。此時，由一般的邏輯便可推論出

> 每支籤被抽中的機率皆相等
> →每支籤被抽中的機率皆為 $\dfrac{1}{（總籤數）}$
> →若籤箱內有20%的籤為中獎籤，那麼中獎籤的總數就是 20% ×（總籤數）
> →抽到中獎籤的機率為 $\dfrac{1}{（總籤數）}$ × 20% ×（總籤數），也就是 20%

這可對應到第 9 章中，以擲骰子為例說明的機率「拉普拉斯定義」。

接著，讓我們把抽籤的例子推廣到次數分布的情形吧。考慮全日本男性的身高次數分布資料，設組別值為 172.5 cm 之組別的相對次數為 20%，那麼依照上述原理，可以知道當我們隨機抽取樣本時，抽到的人屬於組別值為 172.5 cm 之組別的機率也是20%。且不管是哪個組別都適用這個原理。也就是說，

> 母體中某個組別的相對次數
> ＝從這個母體隨機抽取出樣本時，樣本數值屬於這個組別的機率

故我們可將次數分布視為「機率分布」，並使用第 10 章中所說明的「機率分布」來處理我們的問題。換句話說，

> 母體的次數分配（**母體分布**）
> ＝從母體中隨機抽取出樣本時，樣本的機率分布

這層關係可以幫助我們實現推論統計的目的。

11.3　大數法則，「通常」與「幾乎」

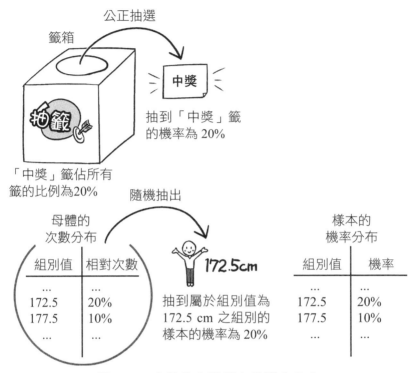

圖11.2　次數分布與樣本的機率分布

前一節中，我們提到「若從一母體中隨機抽出一組樣本，則樣本的機率分布與母體分布相同」。基於這樣的概念，欲實現推論統計方法「藉由樣本推論母體分布」，就得先知道樣本的機率分布為何才行。

然而，如果我們只從母體中抽選出一個數值當做樣本，這樣的線索仍不足以讓我們推論出樣本的機率分布。就像是我們只抽了一次籤，且抽到的是「中獎」的籤，也沒辦法推論出這個籤箱的中籤率是多少。那麼，該怎麼辦呢？

　　答案很簡單，那就是不要只抽出一個數值，而是抽出一組有許多個數值的樣本。這在直觀上也很好理解。只抽一次籤，不管有沒有中籤，都難以推論出中籤率是多少；如果抽十次有一次中籤，大概可以想像中籤率應該不高；如果抽時次有八次中籤，那麼中籤率就應該蠻高的了。本章一開始時提到的「抽選出十人」，其實就是這裡說的「一組有許多個數值的樣本」。

　　之所以要抽取出「一組有許多個數值的樣本」，是因為統計學中有所謂的**大數法則**。大數法則指的是：

　　考慮許多個來自同一母體，且彼此獨立隨機變數。這些隨機變數的平均「通常」會與期望值「幾乎」相同。隨機變數的數量越多，這些隨機變數的平均與期望值有一定落差的機率就越小。

　　回想抽籤的例子，假設籤箱裡有很多籤，且抽到每一張籤的事件彼此獨立。我們可以抽十次籤，並求出這十次抽籤的獎金平均。這裡的「抽十次籤」可以視為「一組」。若我們抽足夠多「組」籤，並計算出「一組的獎金平均」，再將每一組的獎金平均合計除以總組數，那就可以當作「獎金平均」的期望值。

　　大數法則講的就是，每次抽籤時，得到的「一組的獎金平均」雖然都不一樣。但如果我們抽很多組籤，最後得到的「獎金平均」就不太可能會是極大值或極小值，而是「通常」維持在同一個數值，而這個數值「幾乎」和「獎金平均」的期望值相等。

　　讓我們試著考慮一個推論統計的例子。假設我們要從抽取出來的樣本中推論母體的平均。如圖 11.3 上方的直方圖所示，當樣本很小時，有時會抽選到偏大的數值，或者是偏小的數值。若樣本內有太多這種「偏差很大的數值」，當我們求取這些數值的平均（**樣本平均**）時，得到的數值也會與母體的平均（**母體平均**）有一段落差，使這個推論得到錯誤的結果。不過當樣本很大時，如圖 11.3 下方的直方圖所示，抽選到偏頗數值的機率較小，故比較不會得到錯誤的結果。

　　大數法則將這種概念以「當來自同一母體之互相獨立的隨機變數越多時，這些隨機變數的平均與期望值出現一定程度差異的機率，會

越接近 0」的形式表示,並給出了證明[2]。證明本身有些困難,故本書不會提及。

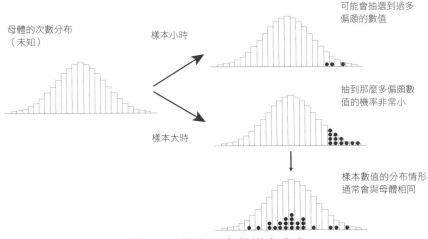

圖11.3 樣本大小與樣本分布

　　不過,要特別注意的是,我們在描述大數法則時,用的是「通常」、「幾乎」等字眼。由抽取出來的樣本計算出來的樣本平均,與母體平均「通常」很接近,「不太可能」得到與母體平均有一定落差之數值。並不代表樣本平均「一定」會很接近母體平均,「絕對不可能」得到與母體平均有一定落差之數值。

　　而由抽取出來的樣本計算出來的樣本平均,「幾乎」會與母體平均相同。卻不代表樣本平均會「完全」與母體平均相同。

　　這裡的「通常」與「幾乎」,代表著「推論統計失敗的可能性」,以及「推論統計結果的誤差」。我們在第 12 章談到具體的推論統計方法時,會再詳述這一點。

2　嚴格來說,以這種形式表示的大數法則應稱為「大數的弱法則」。

11.4　大數法則與保險

　　大數法則是「保險」機制得以成立的基礎。這裡讓我們思考一下保險理賠的機制。保險公司會從加入保險的人（被保險人）身上收取保險費。在契約期間，若被保險人發生事故，保險公司便會支付高於保險費用的理賠金。另一方面，契約期間內，即使被保險人沒有遭逢任何意外，也不會歸還保險費。

　　由於被保險人有沒有發生事故，是取決於偶然，故保險公司在某段期間內（像是一年內）是否要支付理賠金，也是取決於偶然。然而，保險公司卻能夠在收取固定金額之保險費的情況下持續經營下去。為什麼收入固定、支出不固定的保險公司能夠持續經營呢？

　　假設某間保險公司只承接一個被保險人的契約。一位被保險人有沒有遭逢事故是取決於偶然，故保險公司在這一年內支付給這位被保險人的理賠金，是一個隨機變數。一般來說，因為遭逢事故的機率相當低，故理賠金的期望值也不會太高。假設被保險人在一年內遭逢事故的機率是 1%，而保險契約中規定，被保險人在在遭逢事故時，可以獲得 100 萬日圓的理賠金，如圖 11.4 的左圖所示。圖中的縱向表示時間，在簽訂契約時並不曉得這段時間內會發生什麼事，什麼事都有可能發生。不過，大部分的時間內都沒有發生事故（即圖中的「·」），只有 1% 的機率會發生事故（即圖中的「★」）。

　　因此，一年內，保險公司支付給每一位被保險者之理賠金的期望值為（100萬日圓 × 1%），即1萬日圓。但如果保險公司只向被保險人收取與期望值相同的一萬元做為保險費，當被保險人發生事故時，就付不出 100 萬日圓的理賠金了。故當理賠金有可能是 0 日圓或 100 萬日圓，期望值為 1 萬日圓時，保險公司只承接一位被保險人的契約是相當不實際的行為。

　　不過，要是加入保險的被保險人有 10 萬人，且每個人在一年內發生事故的事件彼此獨立，機率皆為 1%，如圖 11.4 之右圖的狀態。每個人在一年內發生事故的機率為 1%，但這 10 萬人不太可能都在同一年內發生事故。根據過去經驗，一年內 10 萬人中大概只有 1% 的

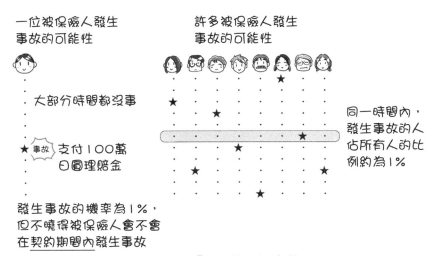

一位被保險人發生
事故的可能性

許多被保險人發生
事故的可能性

· 大部分時間都沒事

★ 事故 支付１００萬
日圓理賠金

同一時間內，
發生事故的人
佔所有人的比
例約為１%

發生事故的機率為１%，
但不曉得被保險人會不會
在契約期間內發生事故

圖11.4 「1%」的兩個意義

比例，也就是 1000 人左右會發生事故。因此，保險公司需支付給發生事故的這 1000 人各 100 萬日圓的理賠金，總計為 10 億日圓。而這 10 億若由 10 萬名被保險人共同負擔，則每位被保險人需負擔1萬日圓。也就是說，「一年內支付給一名被保險人的理賠金」不太會隨著時間改變，通常都與期望值相同。這樣的期望值比較有實際上的意義。

在這個例子中，加入保險的被保險人越多，「一年內支付給一名被保險人的理賠金」與期望值（1 萬日圓）出現落差的機率便會非常接近 0，也就是所謂的「大數法則」。換句話說，若大量被保險人發生事故的事件皆彼此獨立，那麼只要向各個被保險人收取理賠金的期望值（＋經營保險公司的費用＋保險公司的獲利）做為保險費，就可以維持保險公司的經營，且當被保險人發生事故時，保險公司都有辦法支付理賠金。

藉由召集許多彼此事故風險獨立的被保險人，將「發生機率低（1%）之大型事故（100 萬日圓）的風險」分散給所有被保險人。讓被保險人僅需支付「相當於每年理賠金之期望值的保險費（100 萬日圓 × 1% ＝ 1 萬日圓）」，而不需在真的遭逢大型事故時損失大筆金

錢，這就是保險的制度。要是被保險人說「因為沒有碰上事故，所以不想繳保險費」，保險契約是沒辦法成立的。因為自己繳的保險費會成為保險公司支付給其他人的理賠金，而萬一自己遭逢重大事故，他人繳的保險費也會成為保險公司支付給自己的理賠金。

不過，有些保險公司會將被保險人分成理賠金期望值較高的族群，與理賠金期望值較低的族群，並讓他們繳不同金額的保險費，也就是「風險細分保險」。這種制度下，理賠金期望值較高的族群需負擔較多的保險費，理賠金期望值較低的族群則負擔較少的保險費。舉例來說，「每年開車距離較短的人，汽車意外險的保險費就比較便宜」。

如果遭逢事故的人們彼此間「不獨立」，又會怎麼樣呢？最簡單的例子就是地震等災難保險。地震時，該區域的被保險人會同時發生事故。故上述「各個被保險人發生事故的事件彼此獨立」的前提並不成立，大數法則也不成立。真的發生地震時，該區域之所有被保險人會同時申請理賠，若保險公司平時只收取相當於理賠金之期望值的保險費，就無法一次付出那麼多理賠金，進而倒閉。

因此，一般火災險的保障範圍通常不會包含由地震所引起的火災。欲避免地震引起損失，需另外保地震險才能獲得理賠，而地震險的理賠金額也比火災險還要低。

二○○一年時，美國在同一時間內發生了多起恐怖攻擊事件，使保險公司一時間難以支付金額龐大的理賠金。沒有人想得到兩棟超過100層樓的大樓會在一瞬間全毀。保險雖然可以幫忙分散「誰都有可能碰到的風險」，卻難以應付「沒有人能料到的風險」。

除了保險以外，現實世界中還有許多應用到大數法則的例子，請看以下例題。

例題　試回答以下兩個例題。

1. 活期存款的儲蓄者可以隨時從自己的戶頭中提出存款。然而，銀行僅需預留所有用戶之總存款的一小部分，供這些用戶提款。

2. 擁有電話的人可以隨時撥電話給其他人。然而，電話交換系統並沒有辦法同時處理負責區域內所有電話的通訊。

即使如此，銀行與電話系統仍可維持其正常運作。為什麼這些系統不會出現差錯呢？另外，這些系統該如何決定「銀行應預留的現金額度」與「電話交換系統應有的處理能力」分別要是多少呢？

這些便是將大數法則應用在現實系統中的例子。

在 1. 的銀行例子中，每位儲蓄者一天內從戶頭中提出的存款金額，會隨著不同人、不同日子而有很大的差別。因此，我們可以將每位儲蓄者一天內提出的金額視為一個隨機變數。

不過，由於大多數的儲蓄者提出存款的事件彼此獨立，故所有人在同一時間內提出所有存款的機率非常小。依照大數法則，「每天被提出之存款量的總和」大約會維持在一個期望值上下。因此，銀行只要預留足以應付「每天會被提出之存款」的金額在手上就可以了。同樣的，2. 的電話交換系統例子中，同一時間內，負責區域內所有電話的通訊大約會維持在一個期望值上下，故系統本身只要能夠同時處理這樣的通訊量就可以了。

11.5　母體與樣本

本章的開頭提到了「從全日本的男性中抽選出十個人，他們的身高平均（樣本平均）推論全日本男性的身高平均（母體平均）」這個例子。如前所述，樣本平均可能會有與母體平均有一定落差。若兩者間有落差，那麼，當我們以樣本平均推論母體平均時，就會得到錯誤

的結論。

　　那麼，若我們隨機抽出樣本，樣本平均與母體平均有一定落差的可能性又有多大呢？請參考圖 11.5。這張圖中，以 μ 表示母體平均，以 σ^2 表示母體分布的變異數（母體變異數）。設我們從這個母體中抽取出一個大小為 n 的樣本，以 $X_1, \cdots, X_n$ 表示，樣本平均為 $\bar{X}_n$。

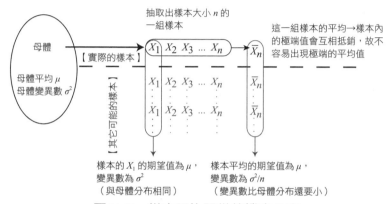

圖11.5　樣本平均服從的機率分布

　　圖 11.5 中，在虛線以上的 $X_1, \cdots, X_n$ 表示一組實際抽出的樣本。不過，因為我們是隨機抽出樣本，故我們實際抽出的數值有一定的「不確定性」，可能會抽出其它不同的數值。而其它「可能」被抽出的樣本，就是虛線以下所列出的 $X_1, \cdots, X_n$。

　　這裡先讓我們把目光放在 X_1 上，X_1 除了我們實際抽出來的數值之外還有其它可能性（因為是機率變數），X_1 的期望值就是所有可能數值的平均；而 X_1 的變異數則代表所有可能數值之分散程度。一開始我們曾提到，樣本與母體服從同樣的機率分布。也就是說，樣本 X_1 所服從之機率分布的期望值，與母體分布的平均同樣是 μ；且樣本 X_1 所服從之機率分布的變異數，與母體分布的變異數同樣是 σ^2。

　　樣本平均 $\bar{X}_n$，是由樣本 $X_1, \cdots, X_n$ 計算出來的。$X_1, \cdots, X_n$ 皆為隨機變數，故 $\bar{X}_n$ 也是隨機變數，可能會等於許多不同的數值。像樣本平均這種，用單一數值來描述樣本特徵的量，稱做**統計量**，而統計量

所服從的機率分布,則叫做**樣本分布**。

　　樣本平均的數值並不固定,不過,計算樣本平均時,$X_1, \cdots, X_n$ 中特別大的數值與特別小的數值會彼此相消。因此,樣本平均比樣本本身更不容易出現極端值,每次計算出來的樣本平均,數值都不會差太多。也就是說,「樣本平均的變異數比 σ^2 還要小」。

　　那麼到底有多小呢?我們會在第 14 章中詳細說明,這裡先直接給出結論。

　　樣本平均的期望值為 μ,變異數為 $\dfrac{\sigma^2}{n}$

這代表,

　　　樣本大小越大,樣本平均的變異數就越小
　　→樣本平均與期望值之間不太可能出現很大的落差
　　→即使只計算一次樣本平均,這個樣本平均與期望值之間出現很大落差的可能性很低
　　→由於樣本平均的期望值與母體平均相同,故我們計算出來的樣本平均與母體平均之間出現很大落差的可能性也很低,「通常」會與母體平均「幾乎」相同。

因此,樣本大小越大,由計算所得之樣本平均所推論得到的母體平均,通常不會與正確的母體平均相差太多。

　　不過要注意的是,前面的句子中有用到「通常」與「幾乎」這兩個字。當我們計算出樣本平均,並想要以此推論母體平均時,樣本平均並不會與母體平均「完全」相同,只是「幾乎」與母體平均相同而已。而且,樣本平均也不是「一定」會很接近母體平均,而是「通常」很接近母體平均,有時候也可能會和母體平均有落差。

練習問題

1. 在 11.4 節的例題中，我們提到銀行與電話系統都是基於大數法則所建立出來的系統。那麼，什麼時候會因為大數法則不成立，而使這個系統出現破綻呢？

2. 像是綜合大學這種用電大戶在估算電費時，不是以電力使用量的期望值為基礎，而是以「同一時間的最大電力用量」為基礎估算出電費的。為什麼綜合大學不會以大數法則為基礎估算電費呢？

練習問題解說

1. 當儲蓄者或電話使用者們的行動「非獨立」時，大數法則便不會成立。當銀行周轉有問題的資訊傳播開來後，所有儲蓄者會同時間一起向銀行提款，若銀行沒有足夠現金的話便無法應對。而當發生災害，或者是某個人氣活動開始售票時，會有許多電話同時要求使用通訊系統，使電話很不容易打通。

2. 大學各處的電力使用方式大致相同，早上上班時會打開照明設備與電腦，晚上下班時會把這些電器關掉，夏天時還會一起使用空調。因此，大學內各單位的電力使用情形並非獨立。而且，由於電力無法儲存，故在用電尖峰時，發電所、變電所、輸送電線等設備需能夠維持「同時使用這些電器時的最大電力需求」。電力公司需維護這些設備，以提供用電大戶足夠的電力，[3]故亦需以「同一時間的最大電力用量」估算電費。

3　筆者過去曾在廣島大學服務，大學內甚至有專用的變電所。

第 **12** 章

區間估計與檢定

12.1　區間估計

12.1.1　什麼是區間估計

第 11 章中，我們提到推論統計的結果必定伴隨著一定的不確定性，故會使用「通常」與「幾乎」來描述結果。推論統計方法中的**區間估計**，就是以數字來表示「通常」有多通常，「幾乎」有多幾乎，是一種能夠客觀顯示出推論結果之精準度的方法。

以母體平均的推論為例，區間估計的結果會寫成以下形式。

「母體平均應在 50 到 60 之間，此推論正確的機率為 95%」

以上敘述寫出了我們推論的母體平均所在區間，以及這個推論正確的機率。此時「正確的機率」（本例為 95%）稱做**信心水準**。而「正確的機率為 95%」就表示在信心水準為 95% 之下，這個範圍是母體平均的**信賴區間**（本例為 50～60），或者簡稱為 95% **信賴區間**。

像「颱風預報」就是一種區間估計的例子。我們在氣象預報中所看到的颱風行進路線預測圖，就是以區間估計的概念繪製出來的。氣象預報員會說「某時間點的颱風中心在這個圓圈範圍內」，其實是「某時間點時，這個圓圈範圍內包含了颱風中心的機率為 70%」的意思。而這個圓圈的圓心，是颱風中心在該時間點最有可能抵達的位置，這種估計法也稱作「**點估計**」。

接著，讓我們由圖 12.2 來看看我們如何進行區間估計吧。圖 12.2(a) 中，我們抽取了數次樣本，不過每個樣本只抽取一個數值。圖中標示「第○次抽樣」的橫線可視為**數線**，而橫線上的★表示我們抽出的數值。由於我們是隨機抽出樣本，故每一次抽到的數值都不一樣。

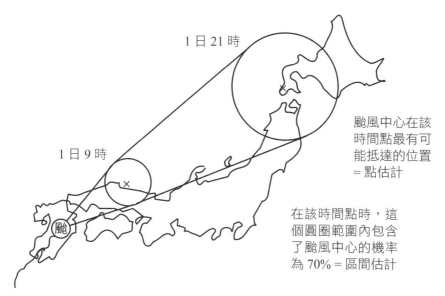

1 日 21 時

1 日 9 時

颱風中心在該
時間點最有可
能抵達的位置
＝點估計

在該時間點時，這
個圓圈範圍內包含
了颱風中心的機率
為 70%＝區間估計

圖12.1　颱風預報中的區間估計與點估計

　　另一方面，不管樣本抽到什麼樣的數值，母體平均都不會改變，
故不管是第幾次抽樣，母體平均都是同樣的數值。圖中用貫穿這些數
線的直線來表示母體平均。

　　圖 12.2(b) 中也抽了數次樣本，不過每個樣本皆抽取了多個數
值，並分別計算每個樣本的樣本平均值，再將樣本平均以★標示在
數線上。由第 11 章的說明可以知道，樣本平均的期望值與母體平均
相同，故樣本平均會分布在母體平均的周圍，分散程度比圖 (a) 還要
小，如圖所示。若樣本大小越大，則圖 (b) 的分散程度越小，但樣本
平均仍不會剛好等於母體平均。

　　接著，如圖 12.2(c) 所示，想像樣本平均往兩邊伸出一定「區
間」。若這個「區間」有一定的寬度，那麼在多次抽樣中，這個區間
「通常」就會涵蓋到母體平均的所在位置。而且，當樣本所含的數值
越多時，這個「區間」的寬度也會越小。

　　這裡的「區間」就是前面提到的信賴區間。而信心水準為 95%
的意思是：若我們抽樣很多次，並以某種方式設定每個樣本平均的信

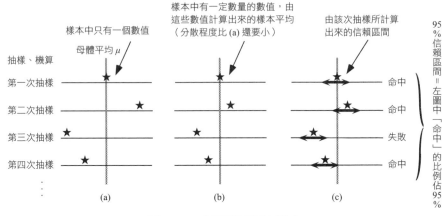

圖12.2　區間估計的概念

賴區間時，有 95% 的信賴區間會包含母體平均，而有 5% 的信賴區間不會包含母體平均，那麼這種設定信賴區間的方式，就是信心水準為 95% 時的設定方式。這時的推論結果會寫成「樣本平均加減多少的信賴區間內，有 95% 的機率會包含母體平均」的形式。而這裡的「加減多少」，就是描述前面提到的「幾乎」有多幾乎。

　　需注意的是，圖 12.2 中，雖然我們用直線來表示母體平均，但事實上，我們並不曉得母體平均是多少。圖中第三次抽樣所得到的信賴區間並沒有包含母體平均，故標註了「失敗」，但事實上，我們不曉得這幾次的抽樣中，哪些信賴區間「命中」了樣本平均，哪些「失敗」的信賴區間沒有命中樣本平均。換句話說，若我們現在抽一組樣本，並以此計算出樣本平均與信賴區間，我們仍不曉得這個信賴區間是「命中」還是「失敗」。我們只能說，用同樣的方式計算出很多很多的信賴區間後，有 95% 的信賴區間會「命中」。

　　我們可以把這樣的信賴區間想成是「命中機率95%的預言者」。假設這位「命中機率 95% 的預言者」做出「明天會發生地震」這樣的預言。我們仍不曉得明天是否真的會發生地震。我們能確定的只有：如果這位預言者做出了很多預言，那麼有 95% 的預言會說中。若要問我們相不相信這位預言者的預言，我們只能說「我們相信這位

預言者所說的預言有 95% 會說中。現在就讓我們姑且相信他對明天做的預言吧，要是預言錯了那也沒辦法」。筆者認為，這種「我們相信的不是預言，而是這位預言者的能力」的概念，就是我們對這位預言者的「信心」，也就是我們為什麼會用信心水準這個詞來描述95%這個比例。

12.1.2　常態分布與區間估計

接著要說明的是，當母體分布為常態分布時，如何進行母體平均的區間估計。請看以下例題。

> **例題**　假設某次考試的分數分布為常態分布。從這次考試的考生中隨機抽取出 10 人做為樣本，且這 10 人的分數平均為 50 分。已知這次考試中，全體考生分數的變異數為 25，試求全體考生平均分數的 95% 信賴區間。

本例題中，母體平均全體考生的平均分數，母體變異數為全體考生分數的變異數。知道母體變異數是多少，卻不知道母體平均是多少並要我們估計，這樣好像有點奇怪，不過，這畢竟是說明用的例題，所以先別在意這一點。若母體可假設為常態分布，而母體變異數未知時，可使用之後12.2節中所介紹的「不偏變異數與t分布」來估計母體平均。

假設我們要估計的母體平均為 μ，母體變異數為 σ^2。故母體分布為平均 μ、變異數 σ^2 的常態分布，也就是 $N(\mu, \sigma^2)$。由於樣本為隨機抽出，故樣本為隨機變數，且與母體服從同一個機率分布。因此，由 n 人所組成的樣本中，每個人的分數皆服從 $N(\mu, \sigma^2)$。

設包含了 n 個數值的樣本為 $X_1, \cdots, X_n$，那麼樣本平均 $\bar{X}$ 可表示為 $\dfrac{x_1 + \cdots + x_n}{n}$。

這裡我們會用到常態分布的另一個重要性質。那就是

設 $X_1, \cdots, X_n$ 為彼此獨立的隨機變數，且皆服從常態分布 $N(\mu, \sigma^2)$，

那麼，它們的平均 $\dfrac{x_1 + \cdots + x_n}{n}$ 會服從常態分布 $N(\mu, \dfrac{\sigma^2}{n})$

本書之後會將這個性質稱作「常態分布的性質 2」。[1]

　　隨機抽出的樣本中，各數值彼此獨立，並服從母體分布，故樣本裡的數值符合「常態分布的性質 2」，即

　　從服從常態分布 $N(\mu, \sigma^2)$ 之母體隨機抽出樣本 $X_1, \cdots, X_n$，則樣本平均 $\bar{X}$ 會服從常態分布 $N(\mu, \dfrac{\sigma^2}{n})$

　　如我們在第 11 章提到的，樣本平均的期望值與母體平均相等，樣本平均的變異數則是「母體變異數的（樣本大小分之一）」。這裡的「性質 2」所講的「再現性」，指的就是「若母體為常態分布，則樣本平均也會是常態分布」。

　　如前所述，樣本平均 $\bar{X}$ 會服從常態分布 $(\mu, \dfrac{\sigma^2}{n})$，設隨機變數Z為

$$Z = \frac{\bar{X} - \mu}{\sqrt{\frac{\sigma^2}{n}}} \tag{12.1}$$

由第 10 章提到的「常態分配的性質 1」，可以知道 Z 會服從標準常態分布 $N(0, 1)$。

　　有了以上的概念，接著就來想想看「包含 Z 的機率為 95% 的區間」是什麼意思吧。如我們在「連續型機率分布」中所說明的，Z 在某個區間內的機率，等於標準常態分布的機率密度函數圖形中，該區間內曲線以下的面積。

　　若這個部分的面積佔整個曲線下面積的 95%，並使之以 0 為中心左右對稱，可得到如圖 12.3(a) 的範圍。設這個區間的左端為 $-u$，右端為 u，又 Z 在這個區間內的機率為 95%，故可表示為 $P(-u \leq Z \leq u) = 95\%$。

1　常態分布的這個性質一般稱作「機率分布的再現性」。這個性質的證明需要用到相當複雜的數學原理，故不會在本書提及。另外，雖然這裡說的是「獨立的隨機變數的平均」，不過，常態分布的再現性可用更為基本的方式描述，那就是「當彼此獨立的兩個隨機變數皆服從常態分布時，這兩個隨機變數的和也會服從常態分布」。

而此時，Z「不在」$-u$ 與 u 之間的機率為 1 減去 95% 後，剩下的 5%。將這 5% 分給左右兩邊，每邊可得到 2.5%，圖 12.3(b) 所表示的範圍即為 $P(Z \geq u) = 0.025$。

我們可藉由書末的常態分布表，求出使 $P(Z \geq u) = 0.025$ 的 u 是多少。當 $u = 1.96$ 時，$P(Z \geq u) = 0.024998$，幾乎等於 0.025。故可得 $P(-1.96 \leq Z \leq 1.96) = 0.95$。

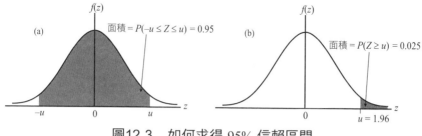

圖12.3　如何求得 95% 信賴區間

接著，將式 (12.1) 代入 $P(-1.96 \leq Z \leq 1.96) = 0.95$，可得到以下關係式

$$P\left(-1.96 \leq \frac{\bar{X} - \mu}{\sqrt{\frac{\sigma^2}{n}}} \leq 1.96\right) = 0.95 \qquad (12.2)$$

不過，我們想知道的是母體平均 μ 的可能範圍，故需將式(12.2)改以 μ 的範圍表示。這裡會用到我們在第 3 章中所提到的「不等式求解」方法計算，我們在第 3 章的練習問題中也做過類似的例子。經過一系列計算後可得到以下關係式

$$P\left(\bar{X} - 1.96\sqrt{\frac{\sigma^2}{n}} \leq \mu \leq \bar{X} + 1.96\sqrt{\frac{\sigma^2}{n}}\right) = 0.95 \qquad (12.3)$$

這個以不等式來表示的區間，就是 μ 的 95% 信賴區間。在這個例題中，樣本平均 $\bar{X} = 50$，母體變異數 $\sigma^2 = 25$，將這些數值代入式（12.3），可得所求之 95% 信賴區間為「46.9 以上 53.1 以下」。而「46.9 以上 53.1 以下」這個區間，在數學中可寫成 [46.9, 53.1]。當

"["和"]"用來表示區間端點時，代表「區間的端點也在這個區間內」。[2]

12.1.3　信心水準與信賴區間的注意事項

統計學中常使用的信心水準為 95%，這表示「我們可以忍受 5% 推論錯誤的機率」。若希望推論能更加謹慎一些，則可使用99%的信心水準。這時推論錯誤的機率會下降到 1%，但信賴區間的寬度也會變得更大。具體來說，由常態分配表可得 $P(Z \geq 2.58) = 0.0049400$，幾乎等於 0.005，故 $P(-2.58 \leq Z \leq 2.58) = 0.99$，我們可再由此求算出 99% 的信賴區間。由於信心水準為 95% 時 $P(-1.96 \leq Z \leq 1.96) = 0.95$，故當信心水準從 95% 增加至 99% 時，信賴區間也由正負 1.96 擴大到正負 2.58。

另外，雖然我們會將母體平均 μ 的信賴區間寫成「46.9 以上 53.1 以下」，或者是 [46.9, 53.1]，卻不會寫成 $P(46.9 \leq \mu \leq 53.1) = 0.95$ 這個樣子。這有些微的不同，還請注意。

$P(\ )$ 表示「( ) 內的事件發生的機率」，故 ( ) 內必須是一個隨機決定的變數，也就是說，必須包含一個隨機變數。母體平均 μ 是一個在抽樣調查以前便已固定的數，並不是一個隨機變數，只是進行抽樣調查的人不曉得這個數是多少而已。另一方面，樣本平均 $\bar{X}$ 是由隨機抽出的樣本數值計算出來的，故是一個隨機變數。$P\left(\bar{X} - 1.96\sqrt{\dfrac{\sigma^2}{n}} \leq \mu \leq \bar{X} + 1.96\sqrt{\dfrac{\sigma^2}{n}}\right) = 0.95$ 這個式子中，μ 並不是隨機變數，$\bar{X}$ 才是。也就是說，這條式子中，隨機決定的是不等式的上限與下限。這個概念可與圖 12.2 對應，隨機決定的並非母體平均，而是數線上的「區間」位置。

但如果我們把具體的數值代入式中計算，得到 $P(46.9 \leq \mu \leq 53.1) = 0.95$ 後，這條式子裡的隨機變數就消失了，故這種寫法並不正確[3]。

2　若要表示「區間的端點不包含在這個區間內」，會用"（"和"）"。

3　正確來說，數學界有兩種解釋方法，一種如本書正文所說的「這種寫法並不正確」

12.2　不偏變異數、*t* 分布與區間估計

12.2.1　不偏變異數

像 12.1.2 節的例題般「母體平均未知，母體變異數卻是已知」的情形，在現實中幾乎不可能發生。如果母體平均未知，通常母體變異數也會是未知。或者說，「進行不精準的測量時，亦無法確定這個測量有多不精準」。

這時，我們可以由樣本計算出樣本變異數，並取代母體變異數，藉此推論出母體平均。變異數是「（資料內各數值減去期望值（平均）後）的平方，再取期望值（平均）」，與之對應，「（樣本內各數值減去樣本平均後）的平方，再取平均」就稱做不偏變異數（不偏樣本變異數）。若樣本大小為 n，樣本為 $X_1, X_2, \cdots, X_n$，樣本平均為 $\bar{X}$，則不偏變異數 s^2 為

$$s^2 = \frac{1}{n-1}\{(X_1 - \bar{X})^2 + (X_2 - \bar{X})^2 + \cdots + (X_n - \bar{X})^2\} \quad （12.4）$$

要注意的是，雖然最後要取平均，但卻不是除以樣本大小 n，而是<u>除以 $n-1$</u>。

不偏變異數是經過調整，使其期望值與母體變異數相等的變異數。[4] 簡單來說，「不偏」就是「沒有偏離」的意思。若我們從同一個母體中抽取很多次樣本，並計算每個樣本的不偏變異數，由於每次抽出來的樣本都不一樣，故每次算出來的不偏變異數也不一樣。雖然每次會算出不同的不偏變異數，但再經過某些方式調整後，可使其期望值與母體變異數相同。也就是說，雖然不偏變異數有時會比母體變異數大，有時會比母體變異數小，但較大和較小的機會是「平等」的。不會發生每次算出的不偏變異數都比母體變異數大，或都比母體變異數小之類的事。

（Neyman-Pearson解釋）；另一種則是將這種寫法解釋成「對 "$46.9 \leq \mu \leq 53.1$" 這個命題的信心為 95%」（Fisher解釋），並引起了很大的爭論。以前者論述所建立起來的統計學，為目前統計學的基礎，也是本書正文所使用的論點。

4　統計學上的描述為「不偏變異數為母體變異數的不偏估計量」。

那麼，將其調整為不偏變異數時，為什麼要除以 $n-1$，而不是除以 n 呢？為了用較直觀的方式說明這一點，請看圖 12.4。圖 12.4 的樣本大小為 2。母體變異數是「資料內各數值減去母體平均後的平方」再取平均。與此相較，除以樣本大小 n（此處 $n=2$）的樣本變異數，則是「樣本內各數值減去樣本平均後的平方」的平均。

當樣本只有兩個數值時，可能會發生兩個數值都比母體平均還要小，或者兩個數值都比母體還要大的情形，但樣本平均永遠都在這兩個數值之間。因此，「樣本與樣本平均的差」會比「樣本與母體平均的差」還要小。為了修正這個差異，我們在計算平均時不會除以 n，而是除以 $n-1$，以得到較大的數值。

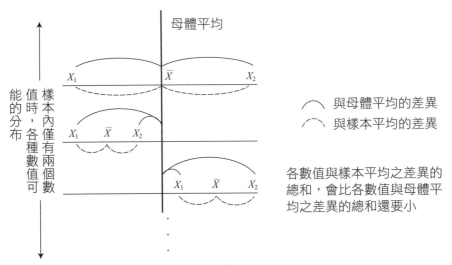

圖12.4　為什麼要除以 $n-1$？

那麼，為什麼在調整時要除以 $n-1$，而不是 $n-2$ 呢？若要證明這點，需要一些較為困難的知識，故本書不會提及，不過我們可以藉由觀察以上範例，建立一些直觀的概念。

如上圖所示，當樣本內只有 X_1 與 X_2 兩個數值時，「樣本與樣本平均之差異的平方」的總和可表示為 $(X_1 - \bar{X})^2 + (X_2 - \bar{X})^2$。將 $\bar{X} =$

$\dfrac{X_1 + X_2}{2}$ 代入，可得

$$
\begin{aligned}
(X_1 - \bar{X})^2 + (X_2 - \bar{X})^2 &= \left(X_1 - \frac{X_1 + X_2}{2} \right)^2 + \left(X_2 - \frac{X_1 + X_2}{2} \right)^2 \\
&= \left(\frac{X_1 - X_2}{2} \right)^2 + \left(\frac{X_2 - X_1}{2} \right)^2 \\
&= \frac{1}{2}(X_1 - X_2)^2 \qquad\qquad (12.5)
\end{aligned}
$$

也就是說，當樣本內只有 X_1 與 X_2 兩個數值時，「樣本與樣本平均之差異的平方」的總和，其實並不是兩項，而是只有一項。故當我們要由「總和」計算出「平均」時，若除以 2，就會得到比我們期望得到的變異數還要小的數。計算不偏變異數時，之所以要除以 $n-1$ 而不是除以 n，就是這個原因。

12.2.2　t 分布與區間估計

12.2.1 節「常態分布與區間估計」的範例中曾提到，若從母體平均為 μ，母體變異數為 σ^2 的常態分布中，抽取出大小為 n 的樣本，且樣本平均為 $\bar{X}$ 時，設 Z 為

$$
Z = \frac{\bar{X} - \mu}{\sqrt{\frac{\sigma^2}{n}}} \qquad\qquad (12.6)
$$

則 Z 會服從常態分布 $N(0, 1)$。我們也在說明該範例時，利用 Z 的性質進行母體平均 μ 的區間估計。

接著，讓我們考慮在 12.2.1 節一開始所提到的，母體變異數 σ^2 未知時的情況。此時，式（12.6）內有 μ 與 σ^2 兩個未知數，故無法像前一節般，藉由解不等式進行 μ 的區間估計。故我們會以由樣本計算出來的不偏變異數 s^2 取代母體變異數 σ^2，得到

$$
t = \frac{\bar{X} - \mu}{\sqrt{\frac{s^2}{n}}} \qquad\qquad (12.7)
$$

這裡的 t 又稱做 t **統計量**。Z 會服從標準常態分布，那麼，t 又會服從什麼樣的分布呢？

這裡的 t 統計量會服從的機率分配並不是標準常態分布，而是**自由度為** $n-1$**的t分配**（Student's t分配），可寫做 $t(n-1)$。t 分布的機率密度函數與標準常態分布相當相似，圖形以 $t = 0$ 為中心左右對稱。

就像我們前面用標準常態分布求信賴區間一樣，母體變異數未知時，我們可以用t分配求算母體平均的信賴區間。這種方法在統計學的實務應用中也很常出現。讓我們來試著想想看以下這個例題。

例題　設某次考試的分數為常態分配。從這次考試的考生中隨機抽取出 10 名考生做為樣本，這 10 人的分數平均為 50 分，不偏變異數為 25 分。試求所有考生之平均分數的 95% 信賴區間。

若「t 統計量在某個值以上的機率為 0.025」，那麼，這個值就叫做「上側 2.5 百分點」。自由度 $n-1$ 之 t 分布的上側 2.5 百分點可寫成 $t_{0.025}(n-1)$，由於 t 分布的機率密度函數以 0 為中心左右對稱，故 $-t_{0.025}(n-1)$ 就是「下側 2.5 百分點」，即「t 統計量在這個值以下的機率為 0.025」。下式會成立（圖 12.5）：

$$P\left(-t_{0.025}(n-1) \leqq \frac{\bar{X} - \mu}{\sqrt{\frac{s^2}{n}}} \leqq t_{0.025}(n-1)\right) = 0.95 \qquad (12.8)$$

由這個式子可以得到

$$P\left(\bar{X} - t_{0.025}(n-1)\sqrt{\frac{s^2}{n}} \leqq \mu \leqq \bar{X} + t_{0.025}(n-1)\sqrt{\frac{s^2}{n}}\right) = 0.95 \quad (12.9)$$

式（12.9）括弧內的不等式下限與上限，就代表 μ 的 95% 信賴區間的下限與上限。

我們可以利用本書最後的「t 分布表」求出各種自由度下的各種百分點，包括這裡的 2.5 百分點。[5] t 分布表中，每一橫列表示不同的

5　這張表與常態分布表一樣，內建於Excel等軟體內，計算時可直接使用。

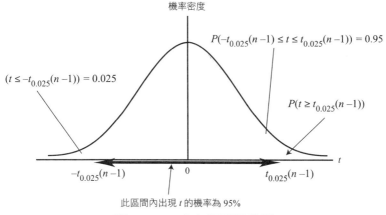

圖12.5 t 分布與區間估計

自由度 v，每一縱行表示不同的百分位數 α。橫列為 v、縱行為 α 的交點，即為百分點 $t_\alpha(v)$ 的數值。本例題中，樣本平均 $\bar{X} = 50$，不偏變異數 $s^2 = 25$，而 t 分布表中 $t_{0.025}(10 - 1) = 2.262$，故 μ 的 95% 信賴區間為「46.4（分）以上，53.6（分）以下」。

　　順帶一提，12.1.2 節「常態分布與區間估計」的例題與本例題只差在「已知母體變異數為 25」與「不偏變異數為 25」而已，其他數值皆完全相同。12.1.2 節「已知母體變異數為 25」之例題答案是：μ 的 95% 信賴區間為「46.9（分）以上，53.1（分）以下」，比本節例題「不偏變異數為 25」所得到的信賴區間還要窄一些。信賴區間越廣，就表示我們用來估計母體平均的範圍越廣，即推論越不精確。這是因為樣本變異數並非母體變異數，而是母體變異數的估計值。樣本變異數已包含了某種程度的不確定性。

關於「Student」這個名字

　　這裡說的「t 分布」又叫做「Student's t 分配」。這裡的「Student」是發現 t 分布的英國統計學家威廉‧戈塞（Willam Gosset）的筆名。戈塞是啤酒公司「Guinness」的技術員，因公司規定不能用本名提出論文，故以筆名發表了他的研究。

從以前開始，統計學在製酒公司等釀造業中便相當活躍。這是因為在釀酒時需經過醱酵作用，而醱酵作用並不是由技術員直接進行，而是藉由無數微生物的生物反應，以及各種分子的化學反應完成的。技術員只能藉由調整整體反應的溫度與時間來控制微生物與各種分子的作用。若想知道該如何調節，才能使無數的微生物與分子「整體」朝著自己想要的方向反應，便需要用到統計學方法。

12.3　檢定是「在某條件下的審判」

12.3.1　什麼是假說檢定

假說檢定是以抽取出的樣本為基礎，「判斷」我們對母體的推論是否正確，有時也會簡稱為**檢定**。為理解檢定的概念，請看以下例題。

> **例題**　店員宣稱他們的抽獎活動「中獎率高達 50%」。但是當你真的去抽了十次獎時，卻一次也沒有中獎。
> 店員只是敷衍回道「運氣真差呢——」，但你卻不認同這樣的結果，並認為「『中獎率高達 50%』該不會是在騙人吧？」。究竟，你和店員哪邊是對的呢？

　　若想知道店員說的是否正確，只要把抽獎箱打開，將所有籤都調查一遍就可以了。當然，一般來說不會讓客人這麼做。但如果不這麼做，就不曉得到底是店員在說謊，還是你的運氣真的比較差。不過，我們可以試著這麼想。

　　店員的宣傳中提到，抽一次獎的中獎機率為 $\frac{1}{2}$，沒中的機率也是 $\frac{1}{2}$。若我們假設第一次抽籤和第二次抽籤為獨立事件，那麼，兩次抽獎都沒抽中的機率，就會是第一次沒中的機率直接乘上第二次沒中的機率，也就是 $\frac{1}{2} \times \frac{1}{2}$。

　　依此類推，「抽十次獎而一次都沒抽中」的機率就是 $(\frac{1}{2})^{10}$，也就是 $\frac{1}{1024}$。也就是說，如果店員說的「中獎機率高達 50%」是真的，那麼出現「抽十次獎卻一次也沒抽中」這種結果的機率只有 $\frac{1}{1024}$。

　　某種結果的機率，表示「在所有可能出現的結果中，出現這種結果的可能程度」。如果我們「相信店員的宣傳是正確的」，我們就必須接受「雖然抽十次獎所得到的結果中，會發生這種事的機率小到只有 $\frac{1}{1024}$，但這種事卻剛好被我們碰上了」這樣的想法。和這種誇張的想法比起來，覺得「『中獎機率高達 50%』的宣稱是錯的」還比較自然不是嗎？

在這樣的思路下，判斷「『中獎機率高達 50%』的宣稱是錯的」，這就是檢定的概念。檢定的過程基本上就是圍繞著「發生這種事的機率很小，卻剛好在我們眼前發生了，這種事我沒有辦法接受」這個想法在進行。只是不同的題目中，計算機率的方式不同而已。

接著我們會利用曾在 12.1.2 節與 12.2.2 節說明過的區間估計概念，來說明假說檢定的例子。

12.3.2　t 分布與檢定

讓我們再來看一遍使用 t 分布的區間估計例題。

> **例題**　假設某次考試的分數分布為常態分布。從這次考試的考生中隨機抽取出 10 人做為樣本，且這 10 人的分數平均為 50 分。已知這次考試中，全體考生分數的變異數為 25，試求全體考生平均分數的 95% 信賴區間。

這個例題的解法如下。設樣本平均為 $\bar{X}$、不偏變異數為 s^2、樣本大小為 n，而全體考生的平均分數為 μ，則 t 統計量為

$$t = \frac{\bar{X} - \mu}{\sqrt{\frac{s^2}{n}}} \qquad (12.10)$$

服從自由度為 $n-1$ 的 t 分配。設 $t_{0.025}(n-1)$ 為「自由度為 $n-1$ 的上側 2.5 百分點」，則

$$P\left(-t_{0.025}(n-1) \leqq \frac{\bar{X} - \mu}{\sqrt{\frac{s^2}{n}}} \leqq t_{0.025}(n-1)\right) = 0.95 \quad (12.11)$$

進行區間估計時，我們可就這條式子求算 μ 的信賴區間。

上式就是在說

「$-t_{0.025}(n-1)$ 與 $t_{0.025}(n-1)$ 的區間內包含了 t 統計量」這句論述有 95% 的機率命中

或者也可從另一個角度來看

「t 統計量在 $-t_{0.025}(n-1)$ 以下或 $t_{0.025}(n-1)$ 以上」這句論述有 5% 的機率命中

接著來思考另一個例題。

> **例題** 假設某次考試的分數分布為常態分布。從這次考試的考生中隨機抽取出 10 人做為樣本,且這 10 人的分數平均為 50 分。已知這次考試中,全體考生分數的變異數為 25。而出題者卻說「我出題的時候,目標是讓全體考生的平均分數為 54 分」。那麼,出題者是否有達成他的目標呢?

首先,我們假設

「**全體考生的平均分數為 54 分**」,也就是說 $\mu = 54$

這個論述正確的。這個問題中,樣本平均 $\bar{X}$ 為 50,不偏變異數 s^2 為 25,樣本大小 n 為 10。若前述假設 $\mu = 54$ 是正確的,那麼將以上數值代入式(12.10),可計算出樣本的t統計量,得到 $t = -2.53$。

另一方面,由 t 分布表可得 $t_{0.025}(10-1) = 2.2622$。而 $t = -2.53$,比 $-t_{0.025}(10-1) = -2.2622$ 還要小。也就是說,若 $\mu = 54$ 為真,那麼

t 統計量在 $-t_{0.025}(n-1)$ 以下或 $t_{0.025}(n-1)$ 以上

這種「發生機率不到5%的狀況」便會出現在我們的眼前。

整理以上過程,可得到以下推論。

1. 「t 統計量在 $-t_{0.025}(10-1)$ 以下或 $t_{0.025}(10-1)$ 以上」這句論述有 5% 的機率命中。

2. 若「$\mu = 54$」這個假設正確，那麼此時的 t 統計量為 -2.53，又 $t_{0.025}(10 - 1) = 2.262$，故

「t 統計量在 $-t_{0.025}(10 - 1)$ 以下或 $t_{0.025}(10 - 1)$ 以上」

這句論述此時剛好命中。

3. 也就是說，命中的機率只有 5% 的論述，此時卻剛好命中了，只能說可能是偶然。

4. 然而，「明明這種狀況的發生機率不到 5%，卻在我們面前發生了」這種事實在不太合理，故我們判斷「$\mu = 54$」這個假設是錯誤的。

5. 我們判斷「μ 不等於 54」這個假設才是正確的。

也就是說「母體平均應明顯比 54 大，或明顯比 54 小才對，故『母體平均為 54』的假設應是錯誤的」，所以出題者並沒有達成他的目標「讓全體考生的平均分數為 54 分」。

　　這個例子比我們一開始提到的抽獎例子還要複雜了些，總而言之，「如果這個假設是正確的，眼前卻出現了在這個前提之下發生機率很低的事件，那麼一開始的假設應該就是錯誤的」這個概念，就是檢定的核心。

12.3.3　檢定的用語

　　假說檢定的過程中，會一直用到某些獨特的用語，以下將一一說明這些用語。

　　12.3.2 節的例題中，我們判斷「母體平均為 54」的假說「錯誤」。這裡的「母體平均為 54」假說，就叫做虛無假說，寫成 H_0：$\mu = 54$。[6]判斷虛無假說「錯誤」這件事，則以「**拒絕**虛無假說」來表示。而拒絕虛無假說的同時，就表示我們認為「母體平均不為 54」

6　H 為英文hypothesis（假說）的首字母。

這個假說正確，而這個假說也稱做**對立假說**，寫成 $H_1 : \mu \neq 54$。這個範例中，我們**接受**了對立假說。

以上的推論來自「明明這種狀況的發生機率不到 5%，卻在我們面前發生了。這種事實在不太合理」這個邏輯。也就是說，當我們想要說明為什麼會發生這種發生機率不到 5% 的事件時，用「碰巧發生」做為理由實在太過牽強，用「虛無假說錯誤，故這種情況『一定』會發生」來說明才比較合理。這種並非碰巧發生，而是必然發生的事件，我們稱做「**顯著**」違反虛無假說的事件，這裡的「5%」則稱做**顯著水準**。

這個例子中，我們一開始假設虛無假說正確，並推論：若「t 統計量在 $-t_{0.025}(n-1)$ 以下，或在 $t_{0.025}(n-1)$ 以上」，則拒絕虛無假說。或者說，「若虛無假說正確，則 t 統計量會落在這些區間，這並不合理，故拒絕虛無假說」。這裡說的「不合理的區間」，就位於 t 分布機率密度函數的兩端（圖 12.6）。這些區間又叫做**拒絕域**，而用來檢定是否落在拒絕域的統計量（這裡的 t 統計量），則稱做**檢定統計量**。而當檢定統計量的值在拒絕域時，則稱之為**位於拒絕域**。

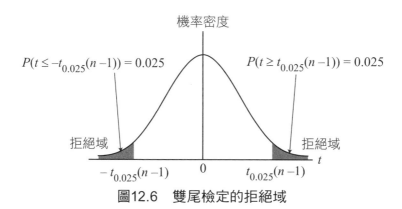

圖12.6 雙尾檢定的拒絕域

12.3.4 雙尾檢定與單尾檢定

像12.3.2節的考試分數範例這種基於區間估計的檢定中，拒絕域位於機率密度函數圖形的左右兩側，故稱做**雙尾檢定**。雙尾檢定在

拒絕虛無假說時，會用「母體平均應明顯比 54 大，或明顯比 54 小才對，故『母體平均為 54』的假說應是錯誤的」這種方式說明，而不是只說「母體平均應明顯比 54 大」，或只說「母體平均應明顯比 54 小」。

另一方面，12.3.1 節一開始提到的「抽獎」範例中，若「中獎率 50%」這個虛無假說正確，那麼實際抽獎時的中獎次數（抽十次卻一次都沒中）會顯得很不合理。在虛無假說正確的前提下，「中獎次數那麼少的機率只有 0.001」，故拒絕虛無假說。此時我們會接受「中獎率不到 50%，而是明顯比 50% 小」這個對立假說，當對立假說是這種形式時，這樣的檢定就是**單尾檢定**。

這是否代表單尾檢定的對立假說，比雙尾檢定的對立假說更有意義呢？並不是這個意思。檢定時要選擇雙尾檢定或單尾檢定，取決於我們的「立場」。

在「抽獎」的範例中，我們之所以想進行假說檢定，是因為「抽獎之後，中獎次數比我們想像中的還要少很多而心生不滿」，故會設定「中獎率為 50%」這樣的虛無假說。若這個虛無假說正確，抽十次獎卻一次也沒中的機率會小到很不合理，故拒絕虛無假說。

不過，若是抽十次獎中十次，抽獎人並不會有任何不滿。當「中獎率為 50%」這個虛無假說正確時，雖然抽十次獎中十次的機率也非常小，但抽獎人卻不會不滿，故不會想拒絕虛無假說。換個方式來說，只有在「中獎率應該比店員說的還要低」的時候，抽獎人才會想要「拒絕虛無假說（中獎率為 50%）」，故抽獎人會進行「若中獎次數過少，則拒絕虛無假說」的單尾檢定。

如果站在舉辦抽獎之店家的立場來看的話又是如何呢？明明「中獎率為 50%」，客人卻抽十次中十次，領走一大堆獎品，店家馬上就會倒閉了吧。另一方面，要是客人抽十次卻一次也沒中獎，店家卻一點也不會覺得困擾。故店家會進行「若中獎次數過多，則拒絕虛無假說」的單尾檢定。

與這個例子相比，在雙尾檢定的例子中，出題者以「出一份讓所有考生的平均分數為 54 分的的考卷」做為目標。這時的檢定是為

了檢驗這份考卷的難度是否恰當，故不管實際的平均分數比 54 分高太多還是低太多，都應該要拒絕虛無假說才對。因此，應進行雙尾檢定，當拒絕虛無假說時，需接受「全體考生的平均分數並非 54 分」這樣的對立假說。

12.3.5　無法拒絕虛無假說的時候

如前所述，進行假說檢定時，我們「內心」會希望能拒絕虛無假說、接受對立假說。若能在最後如願拒絕虛無假說，就能得到「接受對立假說」的結論。虛無假說如其名所示，是「回歸於無的假說」。

那麼，如果沒辦法拒絕虛無假說，又會得到什麼樣的結論呢？讓我們用剛才的雙尾檢定為例說明，但此時將顯著水準改為 1%，並由

「t 統計量在 $-t_{0.005}(n-1)$ 以下或 $t_{0.005}(n-1)$ 以上」這句論述只有 1% 的機率命中

這個想法出發。$n = 10$ 時，從 t 分布表中尋找 $t_{0.005}(9)$，可得到 $t_{0.005}(9)$ = 3.2498。另一方面，如同先前的計算過程，若「母體平均 μ 為 54」這個假說是正確的，那麼 t 統計量為 $t = -2.53$，故可得到以下推論。

1. 「t 統計量在 $-t_{0.005}(10-1)$ 以下或 $t_{0.005}(10-1)$ 以上」這句論述只有 1% 的機率命中。
2. 若「$\mu = 54$」這個假說正確，那麼此時的 t 統計量為 -2.53，又 $t_{0.005}(10-1) = 3.2498$，故

「t 統計量在 $-t_{0.005}(10-1)$ 以下或 $t_{0.005}(10-1)$ 以上」

這句論述並沒有命中。
3. 也就是說，並沒有發生「命中的機率只有1%的論述，此時卻剛好命中了」這種事。

4. 我們<u>不能說</u>「$\mu = 54$」這個假說是錯誤的。

雖然聽起來很不乾脆，但在假說檢定的用語中，我們會說「不拒絕虛無假說」。

也就是說，由於「當虛無假說正確（$\mu = 54$）時，抽樣得到這個 t 統計量的機率並不低」，故我們無法拒絕虛無假說。因此，會得到「不曉得虛無假說是否錯誤」、「不曉得是否該接受對立假說」這樣的結論。以這個例子來說，當我們不拒絕虛無假說時，就等於是在講「我們不能說 $\mu = 54$ 不對」，或者是「雖然證明『$\mu = 54$ 不對』是我們的目標，但我們沒有自信能夠這麼斷言」。

要注意的是，「抽樣得到這個 t 統計量的機率並不低」不代表「抽樣得到這個 t 統計量的機率很高」。因此，不拒絕虛無假說，並不能得到「虛無假說正確」或「對立假說錯誤」之類的結論。以這個例子來說，不拒絕虛無假說「$\mu = 54$」，亦不表示我們認為「$\mu = 54$」是對的。

　　不拒絕虛無假說
　＝ × 接受虛無假說
　　○ 無法斷言是否應該要接受對立假說

而「虛無假說實際上是錯的，實驗者卻在計算抽樣資料之後，得到『不拒絕』虛無假說的結論」這樣的錯誤，又叫做**型二錯誤**。[7]

12.3.6　關於顯著水準

　　前面提到的例子中，當顯著水準設為 5% 時，會得到「拒絕虛無假說」的結論，而當顯著水準設為 1% 時，會得到「不拒絕虛無假說」的結論。明明虛無假說的內容、樣本平均、不偏變異數、樣本大小等條件皆相同，只有設定的顯著水準不一樣而已，為什麼會得到兩

7　型二錯誤又稱為「故步自封的錯誤」。型二錯誤的機率有時會以 β 來表示。

個完全不同的結論呢？

事實上，「檢定就是這麼回事」，讀者必須理解到這一點才行。顯著水準可顯示出做這個假說檢定的人「大膽或慎重」的程度。

當我們把顯著水準設得較大（5%）時，就表示在虛無假說正確的前提下，只要「我們看到的事實」發生的機率比 5% 還小，就需做出「這種事不可能發生，故虛無假說錯誤」的結論。這樣的態度聽起來有些武斷，因為在虛無假說正確的前提下，還是有 5% 的機率會發生這個事實。是一種比較大膽，卻也較容易出錯的做法。

當我們把顯著水準設得較小（1%）時，就表示在虛無假說正確的前提下，如果「我們看到的事實」發生的機率沒有比 1% 還小，就需做出「這種事還是有可能發生，故沒辦法說虛無假說錯誤」的結論。是一種比較慎重，卻也有些猶豫躊躇的態度。

12.3.7 「（在母體為常態分布，且顯著水準為 5% 的條件下）你在騙人」

顯著水準為 5% 的假說檢定中，若在虛無假說為真的前提下，發生了發生機率只有 5% 的事件，則需拒絕虛無假說。

但換個角度來想，「發生機率只有 5% 的事件」發生的機率也有 5%，而不是 0，故這種事件還是偶爾會發生。就拿這個例題來說，即使母體平均真的是 54，即虛無假說為真，由抽樣所計算出來的樣本平均，還是有 5% 的機率會與母體平均有一定落差，使我們必須拒絕虛無假說，得到錯誤的結論。換言之，我們錯出這種錯誤判斷的機率為 5%。這種錯誤也被稱做型一錯誤。[8]

也就是說

即使虛無假說為真，當我們在顯著水準為 5% 的情況下進行多次假說檢定時，會有 5% 的檢定犯下型一錯誤，拒絕了不應拒絕的虛無假說，接受了不應接受的對立假說。

---

8 型一錯誤又被稱做「杞人憂天的錯誤」。型一錯誤（＝顯著水準）有時會以 α 來表示。

因此，若我們針對某個現象蒐集很多次資料，重複進行許多次虛無假說的檢定，即使有其中幾次檢定的結論是接受對立假說，我們也不能斷定「虛無假說錯誤」。舉例來說，若我們以「血型與性格沒有關係」作為虛無假說，蒐集好幾次樣本並進行檢定，偶爾會出現拒絕虛無假說的情形，得到「血型與性格有關」的結論，但即使如此，也不能 100% 斷定「血型與性格沒有關係」。當我們進行多次假說檢定時，就算虛無假說其實沒有錯，偶爾還是會出現接受對立假說的狀況。拿血型與性格的問題來說，就算多次檢定中，偶爾會得到「血型與性格有關」的結論，也只能說「我們不確定血型與性格是否真的有關係」。這就是科學的態度。

那麼，我們究竟該如何描述假說檢定的結論呢？簡單來說，就如同以下敘述：

就我的判斷，我認為虛無假說是錯的。
不過，每100次判斷中，我有5次判斷會出錯（犯下型一錯誤）。
而且也沒有人知道我這次判斷正確還是錯誤。

這就和 12.1.1 節「什麼是區間估計」中的預言者一樣，「當一位命中機率為 95% 的預言者預言明天會發生地震時，我們仍不曉得明

天是否真的會發生地震。我們能確定的只有：如果這位預言者做出了很多預言，那麼有 95% 的預言會說中」。

既然沒辦法 100% 確定，那麼假說檢定又有什麼意義呢？當我們只能夠調查一小部分的資料，且只能調查一次時，就會用假說檢定這種方法，「即使我們只有這些為數不多的樣本資料，也能做出一定可信度的判斷」。如果我們有辦法抽很多次樣本進行檢定，就不需由檢定結果推論母體資料的分布情形，直接由蒐集到的資料判斷母體狀況就可以了。

另外，之前也有提到，區間估計與假說檢定是類似的東西。然而區間估計用「母體平均在 50 到 60 之間」這種給定一個範圍的方式說出結論，而假說檢定則是會說出「號稱中獎機率 50% 是在騙人」、「沒有達到考生全體平均為 54 分的目標」這種一翻兩瞪眼的結論。

不過，假說檢定的結論需建立在「假設母體為常態分布」、「顯著水準為 5%」等前提之上。我們在觀看別人的假說檢定結論時，務必要理解到這樣的結論有什麼意義，以及當結論錯誤時會有什麼樣的影響。如同我們之前的說明，顯著水準為 5% 與 1% 時，得到的結論完全不一樣，假說檢定就是這樣的東西。

然而，在揭示出這種一翻兩瞪眼的結論時，常會讓人忘記背後的前提，只關注眼前的結論。常有人說「數學得到的結論非黑即白，是一種很冰冷的學問」，但我認為，假說檢定方法需要詳述各種前提以及適用範圍，在數學中應是較為人性化的領域。

筆者在教授統計學課程中講到假說檢定時，常會想到這段故事。在我念小學的時候，班上有一個不太會念書的小孩子。有一次，他拿到了很高的分數，班上其他同學卻說「他怎麼可能考出這麼高的分數，一定有作弊」。而且竟然連導師都說出「你是不是有作弊啊」這種話。

某年我和學生們分享這件事時，有學生說這些人「很過份」。沒錯，這些人真的很過份。不過若從假說檢定的角度來看，就會得到「平常不怎麼會念書的人，不可能考得到這種分數，一定是有作弊」這樣的結論。

　　如果各位讀者也覺得這段故事「很過份」，在使用假設檢定方法時，就不要只看結論，也要正確理解這個檢定的「前提」才行。誠心希望各位能做到這一點。

練習問題

1. 測量某產品的長度 10 次，這 10 個測量值的平均為 10.0 cm。已知這些測量值的標準差為 0.1 cm，且測量值服從常態分布，該分布的期望值為產品的真正長度，試求產品真正長度的 95% 信賴區間。另外，如果 10.0 cm 是 20 個測量值的平均，那麼 95% 信賴區間會是多少？

2. 某次考試有 10000 名考生。從中抽出 11 人做為樣本，這 11 名考生的平均分數為 65，不偏變異數為 81。試求全體考生平均分數的 95% 信賴區間。另外，如果解題時需要用到某些本書有提到的必要前提，請務必寫出。

3. 讓 10 名藥物受試者服用 A 藥與 B 藥，再進行相同的檢查，得到的結果數值如下表所示。試使用顯著水準為 5% 的 t 檢定，說明這樣的數值是否能說明使用 B 藥後得到的數值比 A 藥還要高。

受試者編號	1	2	3	4	5	6	7	8	9	10
A 藥	60	65	50	70	80	40	30	80	50	60
B藥	64	63	48	75	83	38	32	83	53	66

練習問題解說

1. 假設產品的真正長度為 μ，故測量值會服從常態分布 $N(\mu, 0.1^2)$。我們可將這 10 個測量值，視為從服從 $N(\mu, 0.1^2)$ 之母體抽出來的樣本，故這 10 個測量值的平均 $\bar{X}$ 會服從 $N(\mu, \dfrac{0.1^2}{10})$，因此，

$$Z = \frac{\bar{X} - \mu}{\sqrt{\frac{0.1^2}{10}}} \tag{2.12}$$

會服從常態分布。欲求出95%信賴區間，可先列出下式。

$$P(-1.96 \leqq \frac{\bar{X} - \mu}{\sqrt{\frac{0.1^2}{10}}} \leqq 1.96) = 0.95 \tag{12.13}$$

整理後可得

$$P\left(\bar{X} - 1.96\sqrt{\frac{0.1^2}{10}} \leqq \mu \leqq \bar{X} + 1.96\sqrt{\frac{0.1^2}{10}}\right) = 0.95 \tag{12.14}$$

括弧內不等式的下限與上限，就是 μ 的 95% 信賴區間的下限與上限。$\bar{X}$ 為 10，經這條式子的計算可得 μ 的 95% 信賴區間為 [9.94, 10.06]。若樣本大小為 20，式 (12.14) 的分母應從 10 改為 20，故 μ 的 95% 信賴區間會變成 [9.96, 10.04]。

2. 解這題時需要一些前提，其中本書有提到的包括（1）樣本需隨機抽出，以及（2）母體也就是全體考生的分數服從常態分布這兩個假設。

設母體平均，也就是全體考生分數的平均分數為 μ，樣本平均為 $\bar{X}$，不偏變異數為 s^2，樣本大小為 n，此時 t 統計量

$$t = \frac{\bar{X} - \mu}{\sqrt{\frac{s^2}{n}}} \tag{12.15}$$

會服從自由度為 $n - 1$ 的 t 分配。設 $t_{0.025}(n-1)$ 為自由度為 $n-1$ 之 t 分布的上側 2.5 百分點，則可得到以下不等式

$$P\left(\bar{X} - t_{0.025}(n-1)\sqrt{\frac{s^2}{n}} \leqq \mu \leqq \bar{X} + t_{0.025}(n-1)\sqrt{\frac{s^2}{n}}\right) = 0.95 \tag{12.16}$$

括弧內不等式的下限與上限，分別代表 μ 的 95% 信賴區間的下限與上限。

由題目可得知 $\bar{X} = 65$、$s^2 = 81$、$n = 11$，由 t 分布表可得知 $t_{0.025}(10)$ = 2.228，經計算後，可得到全體考生平均分數的95%信賴區間為 [58.95, 71.05]。

注意　題目中雖然有提到「有10000名考生」，但這其實是擾亂用的文字，母體的大小並不會影響到信賴區間。也就是說，「信賴

區間的大小僅由樣本大小決定，與樣本大小及母體大小之比例沒有關係」。

聽起來好像有點奇怪，但其實這和本章一開始提到的「母體中某個組別的相對次數 = 從這個母體隨機抽取出樣本時，樣本數值屬於這個組別的機率」有很大的關係。相對次數與母體的大小沒有關係，因此，由樣本推算出來的信賴區間大小，也和母體的大小沒有關係。

不過現實中的抽樣若要符合這個條件，需保證在抽取樣本時，母體永遠保持相同狀態才行。所謂的母體狀態永遠保持相同，指的是在抽出一個個體後，需把這個個體放回去，才能再抽出下一個個體。這種抽樣方式又叫做**取出放回抽樣**。但實際抽樣時，通常不會將抽出的個體放回，直接繼續抽出下一個個體，這又叫做**取出不放回抽樣**。如果母體大小遠大於樣本大小，取出不放回抽樣與取出放回抽樣幾乎沒有差異，但當母體的個體數很少，計算過程就需要某些修正才行。不過，本書不會提到相關的修正方式。

3. 下表列出了各受試者吃過 A 藥與 B 藥後，生理檢查數值的差異。

受試者編號	1	2	3	4	5	6	7	8	9	10
A 藥	60	65	50	70	80	40	30	80	50	60
B藥	64	63	48	75	83	38	32	83	53	66
差	4	−2	−2	5	3	−2	2	3	3	6

這裡的「差」可視為一個抽樣自常態母體的樣本，設這個母體，即所有「差」的平均為 μ，我們要做的是檢定 μ 是否大於 0。設虛無假說 $H_0：\mu = 0$、對立假說 $H_1：\mu > 0$，進行單尾檢定。

設樣本平均，即樣本「差」的平均為 $\bar{X}$、不偏變異數為 s^2、樣本大小為 n，則 t 統計量

$$t = \frac{\bar{X} - \mu}{\sqrt{\frac{s^2}{n}}} \tag{12.17}$$

會服從自由度為 $n - 1$ 的 t 分布 $t(n - 1)$。若虛無假說 $H_0：\mu = 0$ 正確，將 $\mu = 0$ 代入上式，可得 t 統計量

$$t = \frac{\bar{X}}{\sqrt{\frac{s^2}{n}}}$$ （12.18）

會服從自由度 $n-1$ 的 t 分布 $t(n-1)$。

計算表中的數字，可得「差」的樣本平均 $\bar{X} = 2.0$、不偏變異數 s^2 = 8.89、樣本大小 $n = 10$，由式（12.18）可得 t 統計量為 2.121。而此 t 統計量的自由度為 $n-1 = 9$，查 t 分布表可得上側 5% 點為 $t_{0.05}(9) = 1.8331$。由於 t 統計量比上側 5% 點還要大，故拒絕虛無假說，整個母體的「差」的平均應大於 0。也就是說，在顯著水準為 5% 下，我們可以說在服用 B 藥後，生理檢查的數值會顯著高於服用 A 藥後的數值。

解說 這類問題所用到的檢定方式，又稱做「相依母體的t檢定」，常用在醫學、心理學等領域的研究中。

第 13 章

連續型機率分布與中央極限定理的意義

13.1　連續型機率分布

　　第十章說明常態分布模型時，我們曾將直方圖的長條細切到看不到寬度，變成圖 13.1 的樣子。這相當於將隨機變數的數值劃分成多到數不清組別，使組距縮小到極限的結果。圖 13.1 的曲線，就是由細切到看不到寬度之長條的上緣相連形成的曲線，稱做機率密度函數。

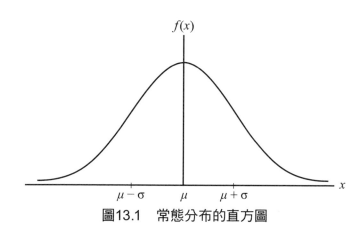

圖13.1　常態分布的直方圖

　　那麼，又為什麼要把直方圖轉換成這種曲線呢？簡單來說，因為在數學領域中，這樣「處理起來比較方便」。

　　我們一開始說明次數分布與機率分布時，以抽獎為例，說明了僅有數種數值的機率變數：一次抽獎的獎金為「一等獎為 1000 日圓、二等獎為 100 日圓、沒中獎為 0 日圓」。若隨機變數有連續的數值，則導入「組別值」的概念，將連續隨機變數的數值分成數個組別，並用組別值來代表一個組別的數值，如果一個組別的組別值為 20 分，下一個組別值就是 30 分，由此得到許多「分散」的數值。這在說明次數分布中「組別與相對次數的對應關係」時，或者是說明機率分布中「可能數值與其出現機率的對應關係」時，是很好理解的工具。

　　另一方面，建立機率分布模型的目的，是想要用數學式寫出機率分布的「模式」，讓我們可以從數學式的參數推論出整體機率分布的

樣子。那麼，如果機率變數的可能數值是「分散」，有辦法用數學式簡單寫出各個可能數值與機率之間的關係嗎？

　　在第 5 章「函數與數學式」中，我們曾提過一次函數。一次函數在圖形上是一條直線，其自變數（座標橫軸）與依變數（座標縱軸）皆非分散，而是連續的數值。二次函數也一樣是連續函數。除此之外，想必許多讀者在高中時有學到三角函數、指數函數、對數函數等，這些都是連續函數。

　　為什麼我們學的函數大都是連續函數呢？這是因為，比起數值分散的函數，可以畫成連續圖形的數學式在處理上簡單許多。數值分散的函數如圖 13.2 所示，中間有許多地方出現落差，使我們沒辦法以一條數學式來表示這個函數，只能寫成「$0 \leqq x < 1$ 時 $y = 1$，$1 \leqq x < 2$ 時 $y = 2\cdots$」。

圖13.2　階梯狀的函數，空心點表示「不包含這個點」，實心點表示「包含這個點」。

　　為了用簡單的數學式寫出機率分布，會設法將機率分布以連續函數的形式表示。這時就會用到我們在說明直方圖時提到的「直方圖的長條可以分割」這個性質。

　　當我們將直方圖的各個長條切得很細時，就等於是將每個組別的組距切得「足夠」小。此時，機率分布就不是分散的數值，而是像圖13.3 的右圖般「在一定範圍內，所有數值都有可能會出現」的機率分布形式。這種機率分布又稱做**連續型機率分布**。相較之下，若隨機變

數可能的數值彼此分散的話（如抽籤中獎的次數），則稱做**離散型機率分布**。

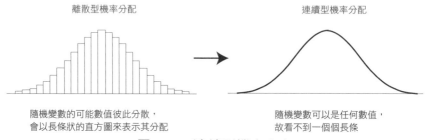

離散型機率分配

連續型機率分配

隨機變數的可能數值彼此分散，
會以長條狀的直方圖來表示其分配

隨機變數可以是任何數值，
故看不到一個個長條

圖13.3　連續型機率分布

連續型機率分布中，「某一個」隨機變數所對應的數值並不是機率，「某一範圍」內的隨機變數所對應的數值才是機率。以下讓我們來比較看看離散型機率分布與連續型機率分布的差異。

離散型機率分布中，隨機變數的數值在「某個範圍內」的機率，會等於這個範圍內所有數值各自的機率合計。從直方圖來看，數值在某個範圍內的機率，就等於這個範圍內的「長條」面積合計，也就是圖 13.4 左邊的直方圖中灰色部分的長條面積。我們之前也有提到「直方圖中，用來表示次數的是長條的面積，而不是高度」。

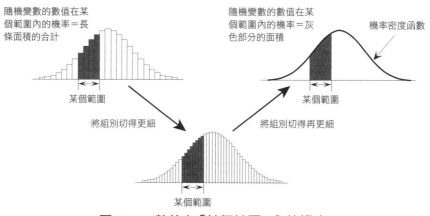

隨機變數的數值在某
個範圍內的機率＝長
條面積的合計

隨機變數的數值在某
個範圍內的機率＝灰
色部分的面積

機率密度函數

某個範圍

某個範圍

將組別切得更細

將組別切得再更細

某個範圍

圖13.4　數值在「某個範圍」內的機率

　　我們可試著將這個直方圖的組別切成較小的組別，使這些長條變成更細的長條。直到這個每一個組別的組距小到不能再小時，就會形成圖 13.4 右邊的直方圖，這就是連續型機率分布。這時，雖然我們看不到一個個長條，但灰色部分的面積還是相同。也就是說，不論直方圖的組距取多少，隨機變數的數值在這個範圍內的機率，永遠都會等於灰色部分的面積。

　　圖 13.4 右邊的直方圖中灰色部分的面積，與第 6 章講到的「積分」是同樣的概念。也就是說，只要將「構成直方圖上緣的曲線所表示的函數」在「欲求範圍」內積分，就可得到灰色部分面積了。

　　這個「構成直方圖上緣的曲線所表示的函數」就叫做**機率密度函數**。圖 13.4 右邊的圖已經看不到長條的存在，所以嚴格來說並不是一個直方圖，應稱其為「機率密度函數圖形」才對。

　　也就是說，機率與積分有以下的關係。

「隨機變數的數值在某個範圍內的機率」
=「機率密度函數圖形曲線下方，這個範圍內的面積」
=「機率密度函數在這個範圍內的積分」

本書不會用到積分的計算。不過第十、十一、十二章中所用的常態分配表與 t 分配表，就是由常態分布與 t 分布的機率密度函數積分所得的數值。

13.2　中央極限定理的意義

　　在 10.2 節中曾提到，在這麼多機率分布模型中，常態分布之所以在現實中最為常見，是因為中央極限定理的存在。簡單來說，中央極限定理的意思就是「若某個隨機變數是無數個彼此獨立之隨機變數的平均，那麼，這個隨機變數所服從的機率分布，就會是一個常態分布」。

　　如前所述，中央極限定理的證明方法中，最基本的證明方法也會

用到大學理工科一、二年級時才會學到的分析數學知識，故本書不會提到數學上的證明方法。不過，我們將會透過以下例題，試著說明為什麼將許多獨立隨機變數平均後，會得到一個像是常態分布般「正中央的數值機率最大，極端大或極端小的數值的機率則較小」的分布。

例題　設擲一枚硬幣時，這枚硬幣出現正面與反面的機率皆為 $\frac{1}{2}$，且每次擲硬幣事件各自獨立。也就是説，任何一次擲硬幣的結果，都不會影響到其它次擲硬幣的結果。

假設現在每擲一次硬幣，出現正面可得到獎金 1 日圓，若出現反面，獎金為 0 日圓。

1. 擲一次硬幣所獲得的獎金為隨機變數。設這個隨機變數為 X_1，請問 X_1 服從什麼樣的機率分配？

2. 再擲一次硬幣，設此時獲得的獎金為另一個隨機變數 X_2，請問 X_1 與 X_2 的平均，也就是 $\frac{X_1 + X_2}{2}$ 會服從什麼樣的機率分布。

3. 再擲一次硬幣，設此時獲得的獎金為另一個隨機變數 X_3，請問 X_1、X_2、X_3 的平均，也就是 $\frac{X_1 + X_2 + X_3}{3}$ 會服從什麼樣的機率分布。若繼續增加擲硬幣次數，那麼獎金的平均會趨近於什麼樣的機率分布呢？

---

1. 由於出現正面與反面的機率皆為 $\frac{1}{2}$，故「獎金 X_1 為 0 日圓的機率為 $\frac{1}{2}$，為 1 日圓的機率為 $\frac{1}{2}$」。可寫成以下數學式

$$\begin{cases} P(X_1 = 0) & = \frac{1}{2} \\ P(X_1 = 1) & = \frac{1}{2} \end{cases} \qquad (13.1)$$

若畫成直方圖，可以得到如圖 13.5(a) 的圖形。直方圖中的長條面積表示機率，故沒有畫出縱軸，而是在各長條上寫出機率值。所有長條的面積合計為 1，也就是 100%。

2. 擲兩次硬幣的獎金為 $X_1 + X_2$，第一次與第二次擲硬幣的可能結果如下表所示。

第一次	第二次	合計（$X_1 + X_2$）
正面	正面	2 日圓
正面	反面	1 日圓
反面	正面	1 日圓
反面	反面	0 日圓

由於第一次與第二次擲硬幣彼此為獨立事件，故「第一次出現正面，且第二次出現正面」的機率為「第一次出現正面的機率」×「第二次出現正面的機率」，也就是 $\frac{1}{2} \times \frac{1}{2} = \frac{1}{4}$。其他情形也是一樣。

在兩種情況下 $X_1 + X_2 = 1$，而這兩種情況不會同時發生，[1]故 $X_1 + X_2 = 1$ 的機率為這兩種情況的機率相加。因此，$X_1 + X_2$ 服從的機率分配可表示如下。

$$\begin{cases} P(X_1 + X_2 = 2) & = \frac{1}{4} \\ P(X_1 + X_2 = 1) & = \frac{1}{4} + \frac{1}{4} = \frac{1}{2} \\ P(X_1 + X_2 = 0) & = \frac{1}{4} \end{cases} \qquad （13.2）$$

兩次擲硬幣的獎金平均為 $\frac{X_1 + X_2}{2}$，是獎金合計 $X_1 + X_2$ 的一半，故獎金平均服從以下機率分配。

$$\begin{cases} P\left(\frac{X_1 + X_2}{2} = 1\right) & = \frac{1}{4} \\ P\left(\frac{X_1 + X_2}{2} = 0.5\right) & = \frac{1}{2} \\ P\left(\frac{X_1 + X_2}{2} = 0\right) & = \frac{1}{4} \end{cases} \qquad （13.3）$$

若將兩次獎金的平均畫成直方圖，可得到圖 13.5 的 (b)。圖 (b) 的直方圖中，所有數值的機率合計之後，應與 (a) 一樣是 100%，故在繪製直方圖時，應讓 (a) 與 (b) 的長條面積總和相等。圖 (a) 和圖 (b) 中都有用來表示「$\frac{1}{2}$ 機率」的長條，但由於圖 (b) 的長條寬度較窄，為使面積相同，故圖 (b) 長條的高度會比較高。這點要特別注意。

1　若兩個事件不會同時發生，則稱這兩個事件為**互斥**事件。

3. 同前所述，考慮$X_1 + X_2 + X_3$各可能數值的機率，可得到下表。

$X_1 + X_2$	擲兩次硬幣之各種結果的機率	擲第三次硬幣的結果	$X_1 + X_2 + X_3$	擲三次硬幣之各種結果的機率
2 日圓	$\frac{1}{4}$	正面	3 日圓	$\frac{1}{4} \times \frac{1}{2} = \frac{1}{8}$
		反面	2 日圓	$\frac{1}{4} \times \frac{1}{2} = \frac{1}{8}$
1 日圓	$\frac{1}{2}$	正面	2 日圓	$\frac{1}{2} \times \frac{1}{2} = \frac{1}{4}$
		反面	1 日圓	$\frac{1}{2} \times \frac{1}{2} = \frac{1}{4}$
0 日圓	$\frac{1}{4}$	正面	1 日圓	$\frac{1}{4} \times \frac{1}{2} = \frac{1}{8}$
		反面	0 日圓	$\frac{1}{4} \times \frac{1}{2} = \frac{1}{8}$

將這個表中 $X_1 + X_2 + X_3$ 各可能數值的機率稍作整理，可得到 $X_1 + X_2 + X_3$ 會服從以下分配。

$$\begin{cases} P(X_1 + X_2 + X_3 = 3) & = \frac{1}{8} \\ P(X_1 + X_2 + X_3 = 2) & = \frac{1}{8} + \frac{1}{4} = \frac{3}{8} \\ P(X_1 + X_2 + X_3 = 1) & = \frac{1}{8} + \frac{1}{4} = \frac{3}{8} \\ P(X_1 + X_2 + X_3 = 0) & = \frac{1}{8} \end{cases} \qquad (13.4)$$

若將三次獎金的平均畫成直方圖，可得到圖 13.5 的 (c)。繪製時，應注意圖 (c) 中各長條的面積總和應與 (a)、(b) 相等。

$$\begin{cases} P\left(\frac{X_1 + X_2 + X_3}{3} = 1\right) & = \frac{1}{8} \\ P\left(\frac{X_1 + X_2 + X_3}{3} = 0.66\ldots\right) & = \frac{3}{8} \\ P\left(\frac{X_1 + X_2 + X_3}{3} = 0.33\ldots\right) & = \frac{3}{8} \\ P\left(\frac{X_1 + X_2 + X_3}{3} = 0\right) & = \frac{1}{8} \end{cases} \qquad (13.5)$$

由圖 13.5(a)(b)(c) 可以看出，若持續增加擲硬幣的次數，隨機變數（平均每次獲得的獎金）的數值仍會介於 0 和 1 之間，不過直方圖的圖形會逐漸趨向鐘形。

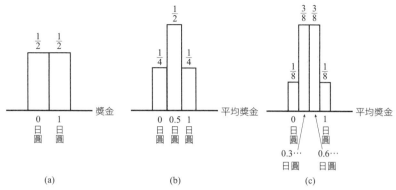

圖13.5　擲硬幣獲得的獎金之直方圖。(a)擲一次硬幣時獲得的獎金
　　　　(b)擲兩次硬幣時平均每次獲得的獎金 (c)擲三次硬幣時平均
　　　　每次獲得的獎金

　　如本例題所示，若反覆操作獨立試驗，並設每次結果的平均為一隨機變數，隨著試驗次數增加，這個隨機變數剛好為中央值的機率會越來越大，為極端值的機率會越來越小，故直方圖會逐漸變成鐘形。原因就在於「只有在許多個隨機變數同時是很大的數值時，這些隨機變數的和才會是一個很大的數值」，而且「如果這些隨機變數彼此獨立，這些隨機變數同時是很大的數值的機率很低」。此外，出於同樣的原因，總和也不易出現極端小的數值。

　　由中央極限定裡，當我們將無數的獨立隨機變數合計平均後，得到的機率分布之極限，不只是一個鐘形分布，而且還是本章一開始就有提到，並在圖 13.1 中畫出其直方圖（機率密度函數）的常態分布。

　　而本例題中的獎金總和與平均，則是一種稱作「二項分布模型」的機率分布模型。由這個例題我們可以知道「若增加試驗次數，二項分布模型會近似於常態分布模型」，這個性質又稱做「棣莫弗－拉普拉斯定理」。這個定理在十八世紀前半發現，可說是中央極限定理的引子。從這個定理的發現，到中央極限定理的完成，花費了將近200年的歲月。

13.3　常態分布在現實中存在嗎？

　　如前所述，用來表示連續型機率分布的機率密度函數，可以表示隨機變數出現各種數值的「容易度」，但並不代表各數值出現的機率。隨機變數的數值在某一範圍的機率，是圖形中該範圍內的曲線下面積（積分）。故整個曲線下的面積，就是「隨機變數的值在所有可能範圍內的機率」，會等於 1（100%）。

　　另一方面，「連續型隨機變數為某一個數值的機率」並不是該數值所對應的機率密度函數值（該處的高度）。由於單一值在機率密度函數中的寬度是 0，在這個範圍內的曲線下方面積是 0，故「連續型隨機變數為某一個數值的機率」就是 0。

　　也就是說，隨機變數「為任何可能數值的機率是1」，而隨機變數「為某特定數值的機率是 0」。舉例來說，假設所有日本男性的身高分布為一個常態分布。若我們從全體日本男性中隨機抽出一人，那麼這個人的身高在 170 cm 到 175 cm 範圍內的機率為某個數值；「身高是任何數值」的機率為100%；不過「身高剛好等於 171 cm」的機率是 0。

　　聽起來好像有點奇怪，請把這想成是連續形機率分布這個概念的「弔詭」。如本章一開始談到的，之所以要導入連續型機率分布的概念，是因為連續型機率分布的數學式較簡潔，「處理起來比較方便」。

　　現實中的資料，通常只會用幾位數字來表示，不管寫到小數點以下幾位，仍是「離散型」的資料。拿身高來說，健康檢查時常會以 0.1 cm為最小單位，量出「171.1 cm」之類的結果，不過實務上只要說「171 cm」，以 cm 為單位就足夠了。成衣店在標示衣服尺寸時，以5 cm為單位，標示「170 cm」或「175 cm」之類也足以應付需求了。

　　就算量到「171.12345 cm」這麼精密的數字，只要風一吹，讓衣服上多了幾個塵埃，這個數字就不一樣了，而且這麼為小的差異在現實中根本不構成問題。然而，即使我們的精密度達到 0.00001 cm，

量出「171.12345 cm」這個數字，這次測量仍是以「0.00001 cm 為單位」，下一個數字會跳到「171.12346 cm」，仍非連續數值。

也就是說，「以常態分布來表示全體日本男性的身高分布」就是將原本為離散的分布，「近似」成連續型的常態分布。換句話說，就是將直方圖的形狀「近似」成常態分布的機率密度函數曲線。

另外，常態分布的機率密度函數圖形會往左右兩邊無限延伸，沒有盡頭。但這在現實中不可能發生。拿人的身高來說，再怎麼矮或再怎麼高還是有一定極限。所以由現實資料製作而成的直方圖仍有其上下限，形狀也只能「近似於」常態分布的機率密度函數，所以我們只能說「假設身高為常態分布」。

事實上，這種「離散與連續之間」的問題，在數學領域中並不少見。雖然和統計學較沒有關係，不過以下就是一個例子。

例題　有一個時鐘，它的秒針並非一格一格的走，而是連續地
移動，且你可以在任何時候按下一個按鈕，停止秒針的
移動。假設你在不看時鐘的狀況下按下按鈕，那麼
1. 秒針停在0時與3時之間的機率是多少？
2. 秒針剛好停在0時位置上的機率多少？

秒針停止位置可視為一個隨機變數。由於秒針維持同樣的速度行走，故不會特別容易停在某些區域，也不會特別難停在某些區域。因此，這個隨機變數的機率密度函數圖形如圖 13.6 所示，是一個平坦的形狀。這種機率分布又稱做「均勻分布」。

例題 1. 中，秒針停在0時與3時之間的機率，就是圖 13.6 中的灰色部分面積。由於 0 時至 3 時的弧度佔了整個時鐘盤面的 $\frac{1}{4}$，故灰色部分面積為整個圖形下方面積的 $\frac{1}{4}$，所求機率為 $\frac{1}{4}$。

而例題 2. 要求的是秒針「剛好停在 0 時」的機率。由於 0 時這個時間點在時鐘盤面上佔有的弧度為 0，故秒針停在 0 時位置的機率也是 0。想必會有不少人覺得這個結論怪怪的吧。

機率密度

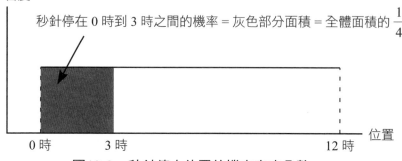

圖13.6　秒針停止位置的機率密度函數

「由於 0 時這個時間點在時鐘盤面上佔有的弧度為 0，故秒針
『剛好停在 0 時』的機率也是 0。這樣，不管是 0 時 0 分 0 秒、
0 時 0 分 0.1 秒、0 時 0 分 0.01 秒，還是時鐘盤上任何一個時間
點，秒針停在這些時間點上的機率都應該是 0 才對。但是，秒針
『停在 0 時至 3 時之間』的機率卻是 $\frac{1}{4}$，這樣不是很奇怪嗎？」

這和剛才提到的「連續型機率分配的弔詭」是一樣的。回答這個疑問
時，重點在於「不管我們在時鐘盤面上畫了多密的刻度，也不可能把
所有刻度都畫上去」。或者說，雖然秒針停在 0 時 0 分 0 秒、0 時 0
分 0.1 秒、0 時 0 分 0.01 秒的機率都是 0，卻不表示「秒針停在時鐘
盤面上任何一處的機率都是 0」。

　　我們可以在時鐘盤面上每 1 秒畫一個刻度、每 0.1 秒畫一個刻
度、每 0.01 秒畫一個刻度，想畫得多細就可以畫得多細。因此，我
們可以在時鐘盤面周圍畫上無限個刻度。這些「林立」排列的無限個
刻度，在數學領域中可以用**稠密**來形容。我們可以將位於 0 時的刻度
標為 1，依照順序為每個刻度都標上編號。「雖然有無限個東西，但
每個東西都有對應的編號，故可以一一數出每一個東西」，這種「數
得出來的無限」在數學領域中稱做**可數無限**。

　　另一方面，我們可以將 0 時的位置設為 0 度，以實數角度來表示
任何在時鐘盤面上的位置。如果我們可以將時鐘盤面上所有用來表示

角度的實數列出，從 1 開始為這些實數編號，就等於能夠「用可數無限個刻度，填滿時鐘盤面上的所有點」，也就是說「只要把刻度切得夠細，就可以用來表示時鐘盤面上的任何位置」。這樣，由於秒針停在每個刻度上的機率都是 0，故秒針停在時鐘盤面上任何一處的機率都是 0。

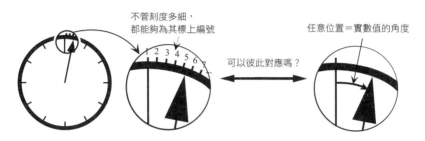

不管刻度多細，
都能夠為其標上編號

任意位置＝實數值的角度

可以彼此對應嗎？

圖13.7　圓周上無限個刻度，與實數值的角度

但事實上，我們「不可能將所有實數列出，並從1開始為這些實數編號」。也就是說，「無限個」也有分「大小」，時鐘盤面周圍用來表示角度的實數值，比可數無限個還要多很多，是另一種無限個。直觀來說，可數無限個刻度是「林立」的數值，而實數則是「綿密」地覆蓋著一切的數值。用數學語言來說「實數不僅稠密，而且還**連續**」。

我們可以藉由**康托爾的對角論證法**，簡單說明為什麼我們不可能將所有實數列出，並從 1 開始為這些實數編號。為了簡化說明，我們只考慮 0 以上，未滿 1 的實數。這個區間內所有的實數皆為 0.xxxx⋯的形式，可以是有限小數，可以是循環的無限小數（即有理數），也可以是不循環的無限小數（即無理數）。[2]

那麼，究竟我們有沒有辦法將所有實數列出，並從 1 開始為這些實數編號呢？首先，如圖 13.8 所示，設我們可將所有實數列出，並從上而下為其標示 1 號、2 號⋯，接著「取 1 號實數的小數第 1 位、

2　正確來說，有限小數也屬於無限小數的一種，像 0.1 也可寫成 0.0999⋯。

取 2 號實數的小數第 2 位、…、取 n 號實數的小數第 n 位…」，將對角線上的數字連接起來，成為一個新的實數，再將這個實數的每一個位數，置換成下一個數字，也就是「$0 \to 1$、$1 \to 2$、…、$9 \to 0$」。

　　最後得到的實數中，小數第 1 位與編號 1 號的實數不同、小數第 2 位與編號 2 號的實數不同、…、小數第 n 位與編號 n 號的實數不同、…。換言之，最後得到的實數不存在於「原先列出的實數」中，這和我們一開始的前提「我們可將所有實數列出」矛盾。這就證明了我們「不可能將所有實數列出，並從1開始為這些實數編號」。

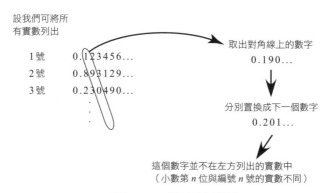

圖13.8　對角論證法

　　「無限大」並不只是「大得不像話」的意思，而且「無限也有分大小」。這是在十九世紀將要結束時才發現的事實，這對數學來說是一個足以動搖基礎的衝擊。直到現在，人類對於「無限」的研究仍在持續進行中。

 練習問題

1. 正文的擲硬幣例題中，設擲第四次硬幣時獲得的獎金為隨機變數 X_4。試描述擲四次硬幣後，平均每次獲得之獎金的機率分布，並將其畫成直方圖。

2. 第 4 章中曾提到的有理數，是指能夠以分數表示，且分子與分母
   都是整數的數值。試考慮一個座標平面，橫軸為分數的分母，縱
   軸為分子，如圖 13.9 所示，平面上每一個橫軸與縱軸座標皆為整
   數的點，[3]皆代表一個有理數（除了分母為 0 的點以外）。試利用
   這個座標，說明我們可列出所有有理數，並從 1 開始為這些有理
   數編號。

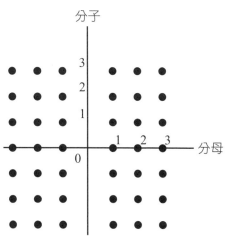

圖13.9　以格子點表示有理數

練習問題解說

1. 依照與正文例題同樣的思路，我們可以列出 $X_1 + X_2 + X_3 + X_4$ 各可
   能數值之機率如下。

3　又稱做「格子點」。

$X_1 + X_2 + X_3$	擲三次硬幣之各種結果的機率	擲第四次硬幣的結果	$X_1 + X_2 + X_3 + X_4$	擲四次硬幣之各種結果的機率
3 日圓	$\frac{1}{8}$	正面	4 日圓	$\frac{1}{8} \times \frac{1}{2} = \frac{1}{16}$
		反面	3 日圓	$\frac{1}{8} \times \frac{1}{2} = \frac{1}{16}$
2 日圓	$\frac{3}{8}$	正面	3 日圓	$\frac{3}{8} \times \frac{1}{2} = \frac{3}{16}$
		反面	2 日圓	$\frac{3}{8} \times \frac{1}{2} = \frac{3}{16}$
1 日圓	$\frac{3}{8}$	正面	2 日圓	$\frac{3}{8} \times \frac{1}{2} = \frac{3}{16}$
		反面	1 日圓	$\frac{3}{8} \times \frac{1}{2} = \frac{3}{16}$
0 日圓	$\frac{1}{8}$	正面	1 日圓	$\frac{1}{8} \times \frac{1}{2} = \frac{1}{16}$
		反面	0 日圓	$\frac{1}{8} \times \frac{1}{2} = \frac{1}{16}$

將這個表中 $X_1 + X_2 + X_3 + X_4$ 各可能數值的機率稍作整理，可得到 $X_1 + X_2 + X_3 + X_4$ 會服從以下分配。

$$\begin{cases} P(X_1 + X_2 + X_3 + X_4 = 4) & = \frac{1}{16} \\ P(X_1 + X_2 + X_3 + X_4 = 3) & = \frac{1}{16} + \frac{3}{16} = \frac{1}{4} \\ P(X_1 + X_2 + X_3 + X_4 = 2) & = \frac{3}{16} + \frac{3}{16} = \frac{3}{8} \\ P(X_1 + X_2 + X_3 + X_4 = 1) & = \frac{3}{16} + \frac{1}{16} = \frac{1}{4} \\ P(X_1 + X_2 + X_3 + X_4 = 0) & = \frac{1}{16} \end{cases} \quad （13.6）$$

因此，四次擲硬幣的獎金平均 $X_1 + X_2 + X_3 + X_4 / 4$，會服從以下機率分配。

$$\begin{cases} P\left(\frac{X_1 + X_2 + X_3 + X_4}{4} = 1\right) & = \frac{1}{16} \\ P\left(\frac{X_1 + X_2 + X_3 + X_4}{4} = 0.75\right) & = \frac{1}{4} \\ P\left(\frac{X_1 + X_2 + X_3 + X_4}{4} = 0.5\right) & = \frac{3}{8} \\ P\left(\frac{X_1 + X_2 + X_3 + X_4}{4} = 0.25\right) & = \frac{1}{4} \\ P\left(\frac{X_1 + X_2 + X_3 + X_4}{4} = 0\right) & = \frac{1}{16} \end{cases} \quad （13.7）$$

若將四次獎金的平均畫成直方圖，可得到圖 13.10。由此可看出，與擲三次硬幣的情況相比，擲四次硬幣的直方圖又更接近常態分配了。

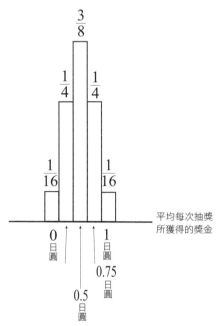

圖13.10　擲四次硬幣後所獲得之獎金平均的直方圖

2. 如圖 13.9 所示，若將橫軸當做分母、縱軸當做分子，則有理數就像是座標平面上的格子點一樣。接著如圖 13.11 所示，只要用一條螺旋線就可以將所有格子點連接起來，就等於是將所有有理數排成一列（不過，需跳過分母為0的點，以及約分後等於某個已計算過的數的點），亦可為其一一賦予編號。

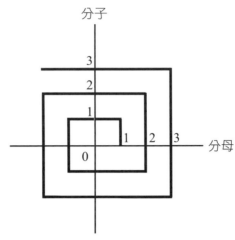

圖13.11　將有理數列出，並從 1 開始為這些實數編號

第 **14** 章

樣本平均的變異數：為什麼會是「樣本大小分之一」呢？

14.1　關於樣本平均的期望值與變異數

第 11 章中曾提到，若從一個平均為 μ、變異數為 σ^2 的母體隨機抽出一組樣本大小為 n 的樣本，則

樣本平均的期望值為 μ、變異數為 $\dfrac{\sigma^2}{n}$

本章的目的，就是要說明為什麼會這樣。

在這之前，先讓我們來思考看看兩個以上的隨機變數之「和」的期望值與變異數會是什麼樣子。因為，若大小為 n 的樣本中包含了 $X_1, X_2, \cdots, X_n$ 等變數，那麼樣本平均 $\bar{X} = \dfrac{X_1 + X_2 + \cdots + X_n}{n}$，便與隨機變數的和有關。

思考這個問題時，不僅要顧慮到這兩個隨機變數各自的機率分配，也要看這些隨機變數之間有沒有相關。這其實有點難度。筆者在大學教授統計學課程時，常會跳過這個部分，不去說明「為什麼」樣本平均的期望值與變異數會是上述的樣子。不過，就算我把太難當成理由，對學生們說「硬記下來就對了」，通常也只會讓學生們不滿而已。

本書的最終章，將會用簡單的例子說明「邊際機率分布」與「聯合機率分布」這類「可描述各個隨機變數間之關係的機率分配」。也就是說，為了瞭解為什麼樣本平均的期望值與變異數為什麼會長這樣，我們必須說明「邊際機率分布」與「聯合機率分布」這兩個概念。

14.2　邊際機率分布與聯合機率分布

那麼，就讓我們試著思考一個與 13.2 節的「擲硬幣」範例類似的狀況吧。

是正面還是
反面呢？

> **例題** 設擲一枚硬幣時，這枚硬幣出現正面與反面的機率皆為 $\frac{1}{2}$，且出現正面的話可得到獎金 1 日圓，出現反面的話獎金為 0 日圓。現在我們有兩枚硬幣，分別是硬幣 1、硬幣 2。設擲硬幣 1 時獲得的獎金為隨機變數 X_1、擲硬幣 2 時獲得的獎金為隨機變數 X_2。
> 1. 試描述 X_1、X_2 分別服從什麼樣的機率分布。
> 2. 參考以下的表 14-1，試將 X_1、X_2 之各種組合的機率填入空格中。

表14-1　擲硬幣時，各種情況下獲得的獎金與其機率？

		X_2	
		反面（0 日圓）	正面（1 日圓）
X_1	反面（0 日圓）		
	正面（1 日圓）		

1. 如13.2節之範例所述，X_1 會服從以下機率分布。

$$\begin{cases} P(X_1 = 0) & = \frac{1}{2} \\ P(X_1 = 1) & = \frac{1}{2} \end{cases} \tag{14.1}$$

X_2 亦服從同樣的機率分布。

2. 或許有許多人馬上會想到表 14-2 這樣的答案吧。

表14-2　擲硬幣時，各種情況下獲得的獎金與其機率

		X_2	
		反面（0 日圓）	正面（1 日圓）
X_1	反面（0 日圓）	$\frac{1}{4}$	$\frac{1}{4}$
	正面（1 日圓）	$\frac{1}{4}$	$\frac{1}{4}$

但真的是這樣嗎？上表中，每個格子內都填了 $\frac{1}{4}$，這是因為我們計算了「（硬幣 1 為正面（或反面）的機率）×（硬幣 2 為正面（或反面）的機率）」，才得到了每個格子內的 $\frac{1}{4}$。那麼，為什麼要將兩個機率相乘呢？這是因為我們認為硬幣 1 是正面或反面，與硬幣 2 是正面或反面，這兩件事各自獨立。如 9.3 節中所述，獨立的兩個事件同時發生的機率，就是這兩個事件各自發生機率的成績。

13.2 節中的類似範例就是用了這個想法解題。不過在 13.2 節的範例中，有提到「每次擲硬幣事件各自獨立。也就是說，任何一次擲硬幣的結果，都不會影響到其它次擲硬幣的結果」。

但這裡的例題中，完全沒有提到硬幣 1 與硬幣 2 之間是否獨立，故不一定會得到表 14-2 的機率分布。要是硬幣 1 與硬幣 2 之間存在某種「不可思議的力量」：「當硬幣 1 是正面時，硬幣 2 也一定會是正面；當硬幣 1 是反面時，硬幣 2 也一定會是反面」，空格內的機率就會變成表 14-3 的樣子。

表14-3　要是硬幣1、之間存在某種「不可思議的力量」的話

		X_2	
		反面（0 日圓）	正面（1 日圓）
X_1	反面（0 日圓）	$\frac{1}{2}$	0
	正面（1 日圓）	0	$\frac{1}{2}$

這種情況下，硬幣 1 與硬幣 2 出現正面的機率仍是 $\frac{1}{2}$，出現反面的機率也仍是 $\frac{1}{2}$。故 X_1 與 X_2 各自服從的機率分布並沒有改變。但此時，X_1 與 X_2 之各種組合的機率分布，就與它們彼此獨立時各種組合的機率分布不一樣了。所以，在計算兩變數各種組合所服從的機率分配時，只考慮隨機變數各自服從的機率分布是不夠的，還須將兩個隨機變數之間的關係納入考量。

在機率的用語中，X_1 與 X_2 各自服從的機率分布（例題的 1.）稱做 X_1 或 X_2 的**邊際機率分布**。而 X_1 與 X_2 之各種組合的機率分配，則稱作**聯合機率分布**。

邊際機率分布與聯合機率分布之間有什麼關聯呢？一般來說，我們會將 X_1 與 X_2 各自服從的邊際機率分布加在表 14-2 或表 14-3 的外圍，得到表 14-4 與表 14-5。

表14-4　聯合機率分布與邊際機率分布：修改自表 14-2

X_1		X_2 反面（0 日圓）	X_2 正面（1 日圓）	X_1 的邊際機率分布
X_1	反面（0 日圓）	$\frac{1}{4}$	$\frac{1}{4}$	$P(X_1=0)=\frac{1}{2}$
	正面（1 日圓）	$\frac{1}{4}$	$\frac{1}{4}$	$P(X_1=1)=\frac{1}{2}$
X_2 的邊際機率分布		$P(X_2=0)=\frac{1}{2}$	$P(X_2=1)=\frac{1}{2}$	

表14-5　聯合機率分布與邊際機率分布：修改自表 14-3

X_1		X_2 反面（0 日圓）	X_2 正面（1 日圓）	X_1 的邊際機率分布
X_1	反面（0 日圓）	$\frac{1}{2}$	0	$P(X_1=0)=\frac{1}{2}$
	正面（1 日圓）	0	$\frac{1}{2}$	$P(X_1=1)=\frac{1}{2}$
X_2 的邊際機率分布		$P(X_2=0)=\frac{1}{2}$	$P(X_2=1)=\frac{1}{2}$	

　　由這兩張表可以看出邊際機率分布中的各個機率，為聯合機率分布中對應的行或列之機率的相加。舉例來說，請看表 14-4 中套網底的格子。在 X_2 的邊際機率分布中，套網底的格子為 $X_2 = 1$ 的機率，即 $P(X_2 = 1)$。這是「硬幣 2 為正面的機率」，如例題的 1. 所述，等於 $\frac{1}{2}$。而 $\frac{1}{2}$ 也是其上方代表聯合機率分配的兩個格子，$\frac{1}{4}$ 與 $\frac{1}{4}$ 的相加。

　　為什麼會這樣呢？表14-4的聯合機率分布中，套網底的部分代表 $X_2 = 1$，即「硬幣 2 為正面」的情形。其中，

- 上方為「$X_1 = 0$ 且 $X_2 = 1$」，也就是「『硬幣 1 為反面』且『硬幣 2 為正面』」的機率
- 下方為「$X_1 = 1$ 且 $X_2 = 1$」，也就是「『硬幣1為正面』且『硬幣 2 為正面』」的機率

上方機率與下方機率的和，就是「（$X_1 = 0$ 或 $X_1 = 1$）且 $X_2 = 1$」的機率，也就是 $P((X_1 = 0 \text{ 或 } X_1 = 1) \text{ 且 } X_2 = 1)$。這是因為，$X_1 = 0$ 與 $X_1 = 1$ 這兩個事件分別是「硬幣 1 為背面」與「硬幣 1 為正面」，這兩個事件不會同時發生，是所謂的「互斥」事件。若這兩個事件不會同時發生，那麼發生兩者之一的機率，就是兩事件各自機率的總和。

　　而且擲硬幣 1 的結果只有可能是「背面」或「正面」，沒有其它可能性，必定是「背面」或「正面」兩種事件之一。故 $P(X_1 = 0 \text{ 或 } X_1 = 1) = 1$。

　　因此，上列機率與下列機率的和，即 $P((X_1 = 0 \text{ 或 } X_1 = 1) \text{ 且 } X_2 = 1)$，就會等於 $P(X_2 = 1)$，也就是邊際機率分布的機率。

　　這種關係不僅見於表 14-4 與表 14-5 的例子，在所有機率的問題中都是如此。也就是說，將聯合機率分布中，X_1 的各種情況（本例為 $X_1 = 0$ 與 $X_1 = 1$）的機率相加後，就可得到 X_2 邊際機率分布的機率。之所以叫做「邊際」，是因為邊際機率分布的機率會寫在聯合機率分布「周圍」的行與列。

另外，在表 14-2 中，聯合機率分布的機率，任何時候都等於對應之邊際機率分布的機率之乘積。舉例來說，表 14-6 套網底的部分有著 $P(X_1 = 0 \text{ 且 } X_2 = 1) = P(X_1 = 0) \times P(X_2 = 1)$ 的關係。在這個表中，每一個聯合機率分布的機率都會符合這樣的關係。

表14-6　隨機變數 X_1 與隨機變數 X_2 與獨立

		X_2		X_1 的邊際機率分布
		反面（0 日圓）	正面（1 日圓）	
X_1	反面（0 日圓）	$\dfrac{1}{4}$	$\dfrac{1}{4}$	$P(X_1 = 0) = \dfrac{1}{2}$
	正面（1 日圓）	$\dfrac{1}{4}$	$\dfrac{1}{4}$	$P(X_1 = 1) = \dfrac{1}{2}$
X_2 的邊際機率分布		$P(X_2 = 0) = \dfrac{1}{2}$	$P(X_2 = 1) = \dfrac{1}{2}$	

若這種關係任何時候都成立，隨機變數 X_1 與隨機變數 X_2 之間就是**獨立**關係。這裡說的「隨機變數的獨立」，與 9.3 節中說的「兩獨立事件同時發生的機率，會是兩事件各自發生的機率的乘積」類似，不過這裡是隨機變數的版本。

14.3 計算樣本平均的期望值與變異數的數學式

接下來，我們會以 $E(X)$ 來表示隨機變數 X 的期望值，以 $V(X)$ 表示 X 的變異數。

設我們從一個母體隨機抽出只有一個數值的樣本。此時，樣本是一個隨機變數，且與母體服從相同的機率分布。若我們從同一個母體隨機抽出許多個數值，那麼這些數值會彼此獨立。也就是說，若我們從平均為 μ，變異數為 σ^2 的母體中抽出大小為 n 的樣本，並以 X_1, X_2, $\cdots$, X_n 表示，那麼 X_1, X_2, $\cdots$, X_n 彼此獨立，且皆服從期望值為 μ，變異數為 σ^2 的機率分布。

而樣本平均 $\bar{X}$ 可由以下公式求出。

$$\bar{X} = \frac{X_1 + X_2 + \cdots + X_n}{n} \qquad (14.2)$$

計算樣本平均的期望值E(X̄)與樣本平均的變異數V(X̄)的公式分別如下。

$$
\begin{aligned}
E(\bar{X}) &= E\left(\frac{X_1 + X_2 + \cdots + X_n}{n}\right) \\
&= \frac{1}{n}\{E(X_1) + E(X_2) + \cdots + E(X_n)\} \qquad (14.3) \\
&= \frac{1}{n}(\mu + \mu + \cdots + \mu) = \frac{1}{n} \times n\mu = \mu
\end{aligned}
$$

$$
\begin{aligned}
V(\bar{X}) &= V\left(\frac{X_1 + X_2 + \cdots + X_n}{n}\right) \\
&= \left(\frac{1}{n}\right)^2 \{V(X_1) + V(X_2) + \cdots + V(X_n)\} \qquad (14.4) \\
&= \frac{1}{n^2}(\sigma^2 + \sigma^2 + \cdots + \sigma^2) = \frac{1}{n^2} \times n\sigma^2 = \frac{\sigma^2}{n}
\end{aligned}
$$

為什麼會這樣呢？我們將在接下來的內容中一步步說明。

14.3.1　隨機變數的期望值

先讓我們回想一下什麼是隨機變數的期望值。如第 10 章的說明，

● 隨機變數的期望值＝〔隨機變數的可能數值 × 該數值的機率〕的總和

讓我們再拿擲硬幣當作例子。與前節相同，設擲一枚硬幣時，這枚硬幣出現正面與反面的機率皆為 $\frac{1}{2}$，且出現正面的話可得到獎金 1 日圓，出現反面的話獎金為 0 日圓。若將擲一次硬幣所獲得的獎金以隨機變數 X 來表示，那麼 $X = 0$ 的機率可寫成 $P(X = 0)$，$X = 1$ 的機率可寫成 $P(X = 1)$。而這兩個機率都是 $\frac{1}{2}$，故隨機變數 X 的期望值 $E(X)$，也就是「〔隨機變數的可能數值 × 該數值的機率〕的總和」，就是

$$E(X) = 0 \times P(X = 0) + 1 \times P(X = 1)$$
$$= 0 \times \frac{1}{2} + 1 \times \frac{1}{2} \tag{14.5}$$
$$= \frac{1}{2}$$

故期望值為 $\frac{1}{2}$（日圓）。

　　讓我們將擲硬幣的例子先放在一邊，考慮一般化的情形。設隨機變數 X 的一個可能數值為 x，則 $X = x$ 的機率可寫成 $P(X = x)$。因此〔隨機變數的可能數值 × 該數值的機率〕可寫成 $xP(X = x)$。而隨機變數 X 的期望值 $E(X)$ 需考慮所有可能數值 x 的 $xP(X = x)$，並將所有數值 x 的 $xP(X = x)$ 相加。故可使用表示合計的符號 Σ，寫成以下形式。

$$E(X) = \sum_x xP(X = x) \tag{14.6}$$

上式中，Σ 符號下方較小的 x 表示「對所有可能的 x 進行這個計算，再相加起來」的意思。

14.3.2　隨機變數之常數倍的期望值、隨機變數之和的期望值

　　式（14.3）可改寫成以下形式。

$$E\left(\frac{X_1 + X_2 + \cdots + X_n}{n}\right) = \frac{1}{n}\{E(X_1) + E(X_2) + \cdots + E(X_n)\} \tag{14.7}$$

要說明為什麼式子可以改寫成這樣，得先說明以下兩點

- 隨機變數X乘上某個常數a時的期望值，也就是 $E(aX)$ 是多少
- 隨機變數X$_1$加上隨機變數X$_2$後的期望值，也就是 $E(X_1 + X_2)$ 是多少

首先說明 X 乘上常數 a 後得到的 aX 的期望值，也就是 $E(aX)$ 是多少。拿剛才提到的擲硬幣為例，就相當於獎金 X 變成 a 倍的情形。若擲硬幣的獎金變成 2 倍，代入式（14.5）中計算，可得

$$E(2X) = (2 \times 0) \times P(X = 0) + (2 \times 1) \times P(X = 1)$$
$$= (2 \times 0) \times \frac{1}{2} + (2 \times 1) \times \frac{1}{2} \qquad (14.8)$$
$$= 2 \times \frac{1}{2} = 1$$

期望值也會變成 2 倍，也就是1日圓。這個例子中的「獎金」，相當於一般情形中「隨機變數的所有可能數值」，若將其乘上 a 倍，隨機變數的期望值也會變成 a 倍。我們可以用式（14.6）的形式表示如下。

$$E(aX) = \sum_x axP(X = x)$$
$$= a \sum_x xP(X = x) \qquad (14.9)$$
$$= aE(X)$$

接著說明隨機變數 X_1 加上隨機變數 X_2 之後的期望值，也就是 $E(X_1 + X_2)$ 是多少。同樣的，我們以前節的擲硬幣為例，再看一次表 14-4。

表14-7　聯合機率分布、邊際機率分布與隨機變數之和的期望值

		X_2		
		反面（0 日圓）	正面（1 日圓）	X_1 的邊際機率分布
X_1	反面（0 日圓）	$\frac{1}{4}$	$\frac{1}{4}$	$P(X_1 = 0) = \frac{1}{2}$
	正面（1 日圓）	$\frac{1}{4}$	$\frac{1}{4}$	$P(X_1 = 1) = \frac{1}{2}$
	X_2 的邊際機率分布	$P(X_2 = 0) = \frac{1}{2}$	$P(X_2 = 1) = \frac{1}{2}$	

上表中，我們用不同的網底濃度來表示聯合機率分布中 $X_1 + X_2$ 的不同數值。最淡的是 $X_1 + X_2 = 0$ 的事件，再濃一點的是 $X_1 + X_2 = 1$ 的事件，最濃的則是 $X_1 + X_2 = 2$ 的事件。

而這個例子中，$X_1 + X_2$ 的期望值 $E(X_1 + X_2)$ 為「（$X_1 + X_2$ 之所有可能數值 × 該數值的機率）的總和」，計算過程如下。

$$E(X_1 + X_2) = (0 + 0) \times P(X_1 = 0 \text{ 且 } X_2 = 0)$$
$$+ (0 + 1) \times P(X_1 = 0 \text{ 且 } X_2 = 1)$$
$$+ (1 + 0) \times P(X_1 = 1 \text{ 且 } X_2 = 0)$$
$$+ (1 + 1) \times P(X_1 = 1 \text{ 且 } X_2 = 1) \qquad （14.10）$$
$$= 0 \times \frac{1}{4} + 1 \times \left(\frac{1}{4} + \frac{1}{4} \right) + 2 \times \frac{1}{4}$$
$$= 1$$

讓我們先將上式第一個等號後的各個括弧拆開,並為拆開後的括弧編號(1, 2, …),使我們較容易辨別這些括弧。

$$E(X_1 + X_2)$$
$$= 0 \times P(X_1 = 0 \text{ 且 } X_2 = 0)^① + 0 \times P(X_1 = 0 \text{ 且 } X_2 = 0)^②$$
$$+ 0 \times P(X_1 = 0 \text{ 且 } X_2 = 1)^③ + 1 \times P(X_1 = 0 \text{ 且 } X_2 = 1)^④ \quad （14.11）$$
$$+ 1 \times P(X_1 = 1 \text{ 且 } X_2 = 0)^⑤ + 0 \times P(X_1 = 1 \text{ 且 } X_2 = 0)^⑥$$
$$+ 1 \times P(X_1 = 1 \text{ 且 } X_2 = 1)^⑦ + 1 \times P(X_1 = 1 \text{ 且 } X_2 = 1)^⑧$$

接著將各括弧重新排列成以下式子。請由括弧上的編號確認各括弧重新排列的方式。

$$= 0 \times P(X_1 = 0 \text{ 且 } X_2 = 0)^① + 0 \times P(X_1 = 0 \text{ 且 } X_2 = 1)^③$$
$$+ 1 \times P(X_1 = 1 \text{ 且 } X_2 = 0)^⑤ + 1 \times P(X_1 = 1 \text{ 且 } X_2 = 1)^⑦$$
$$+ 0 \times P(X_1 = 0 \text{ 且 } X_2 = 0)^② + 0 \times P(X_1 = 1 \text{ 且 } X_2 = 0)^⑥ \quad （14.12）$$
$$+ 1 \times P(X_1 = 0 \text{ 且 } X_2 = 1)^④ + 1 \times P(X_1 = 1 \text{ 且 } X_2 = 1)^⑧$$

再將各個括弧合併,可得到以下式子

$$E(X_1 + X_2)$$
$$= 0 \times \{P(X_1 = 0 \text{ 且 } X_2 = 0) + P(X_1 = 0 \text{ 且 } X_2 = 1)\}$$
$$+ 1 \times \{P(X_1 = 1 \text{ 且 } X_2 = 0) + P(X_1 = 1 \text{ 且 } X_2 = 1)\} \qquad （14.13）$$
$$+ 0 \times \{P(X_1 = 0 \text{ 且 } X_2 = 0) + 0 \times P(X_1 = 1 \text{ 且 } X_2 = 0)\}$$
$$+ 1 \times \{P(X_1 = 0 \text{ 且 } X_2 = 1) + 1 \times P(X_1 = 1 \text{ 且 } X_2 = 1)\}$$

這個式子的最上列為 $P(X_1 = 0 \text{ 且 } X_2 = 0) + P(X_1 = 0 \text{ 且 } X_2 = 1)$,如前節

所述，這會等於邊際機率分布中的機率 $P(X_1 = 0)$。依此類推，我們可將上式改以各個邊際機率分布的機率來表示如下。

$$
\begin{aligned}
E(X_1 + X_2) = {} & 0 \times P(X_1 = 0) \\
& + 1 \times P(X_1 = 1) \\
& + 0 \times P(X_2 = 0) \\
& + 1 \times P(X_2 = 1)
\end{aligned}
\tag{14.14}
$$

這個式子的前兩項為「〔 X_1 之所有可能數值 × 該數值的機率〕的總和」，也就是 X_1 的期望值 $E(X_1)$。同樣的，後兩項為 X_2 的期望值 $E(X_2)$。故可得到 $E(X_1 + X_2) = E(X_1) + E(X_2)$。

以上過程中，我們只有將計算 $E(X_1 + X_2)$ 過程中的括弧拆開，並重新調動加法的順序而已。與隨機變數 X_1 與 X_2 是否彼此獨立無關，也和隨機變數的數值是多少無關。因此，不管 X_1 與 X_2 是否獨立，$E(X_1 + X_2) = E(X_1) + E(X_2)$ 皆成立，也就是說，「隨機變數之和的期望值，等於各隨機變數之期望值的和」。

由以上推論，可以知道樣本平均之期望值 $E(\bar{X})$ 的計算公式（14.3），也就是下式的前兩行是正確的。

$$
\begin{aligned}
E(\bar{X}) &= E\left(\frac{X_1 + X_2 + \cdots + X_n}{n} \right) \\
&= \frac{1}{n} \{ E(X_1) + E(X_2) + \cdots + E(X_n) \} \\
&= \frac{1}{n} (\mu + \mu + \cdots + \mu) = \frac{1}{n} \times n\mu = \mu
\end{aligned}
\tag{14.15}
$$

而 $X_1, X_2, \cdots, X_n$ 皆服從期望值為 μ 的機率分布，故 $E(X_1)$、$E(X_2)$、$\cdots$、$E(X_n)$ 皆為 μ，上式第三行也是正確的。

14.3.3 隨機變數的變異數

接著要說明的是隨機變數的變異數。如第 10 章中所說，

● 隨機變數的變異數 =〔（隨機變數的可能數值 – 期望值）^{2} × 該數值的機率〕的總和

這裡的「隨機變數的可能數值－期望值」指的就是「偏差」。將剛才提到的「隨機變數的期望值」和這裡的變異數寫在一起，如下所示。

- 隨機變數的期望值＝〔隨機變數的可能數值×該數值的機率〕的總和
- 隨機變數的變異數＝〔（偏差）^{2}×該數值的機率〕的總和

由此可看出隨機變數的變異數就是「（偏差）^{2}的期望值」。隨機變數 X 的期望值可寫成 $E(X)$、變異數可寫成 $V(X)$，又偏差可寫成 $X－E(X)$，故 $V(X) = E((X－E(X))^2)$。

接著將這個式子展開整理，如下所示。

$$
\begin{aligned}
V(X) &= E((X - E(X))^2) \\
&= E((X - E(X))(X - E(X))) \\
&= E(X^2 - 2XE(X) + \{E(X)\}^2)
\end{aligned}
\quad（14.16）
$$

如前節所述，由於「隨機變數之和的期望值，等於各隨機變數之期望值的和」且「隨機變數之常數倍的期望值，等於該隨機變數之期望值的常數倍」，故上式可改寫如下。[1]

$$
\begin{aligned}
V(X) &= E(X^2 - 2XE(X) + \{E(X)\}^2) \\
&= E[X^2] - 2E[XE(X)] + E[\{E(X)\}^2] \\
&= E[X^2] - 2E(X)E[X] + \{E(X)\}^2 \\
&= E(X^2) - \{E(X)\}^2
\end{aligned}
\quad（14.17）
$$

要注意的是，這裡的 $E(X)$ 代表「X 的期望值」，是一個常數，並不是隨機變數。故上式中的 $E[XE(X)] = E(X)E[X]$，而 $E[\{E(X)\}^2] = \{E(X)\}^2$。最後的結果，「隨機變數的變異數＝隨機變數之平方的期望值－隨機變數之期望值的平方」這個關係常被用在各種公式上。

---

1 之所以會用小括弧( )、中括弧[ ]、大括弧{ }等不同括弧來寫，只是為了讓數學式看起來更加易讀而已，這些括弧在式中的意思皆相同。

14.3.4　隨機變數之常數倍的變異數、隨機變數之和的變異數

隨機變數X_1, X_2, $\cdots$, X_n獨立時，式（14.4）可改寫成以下形式。

$$V\left(\frac{X_1 + X_2 + \cdots + X_n}{n}\right) = \left(\frac{1}{n}\right)^2 \{V(X_1) + V(X_2) + \cdots + V(X_n)\} \quad (14.18)$$

要說明為什麼式子可以改寫成這樣，得先說明以下兩點：

- 隨機變數 X 乘上某個常數 a 時的變異數，也就是 $V(aX)$ 是多少
- 隨機變數 X_1 與隨機變數 X_2 獨立時，$X_1 + X_2$ 的變異數，也就是 $V(X_1 + X_2)$ 是多少

首先說明 X 乘上常數 a 後得到的 aX 的變異數，也就是 $V(aX)$ 是多少。由式（14.17）可以知道，$V(X) = E(X^2) - \{E(X)\}^2$，將 $V(aX)$ 代入這個式子可以得到以下結果。

$$\begin{aligned}
V(aX) &= E((aX)^2) - \{E(aX)\}^2 \\
&= E(a^2 X^2) - \{E(aX)\}^2
\end{aligned} \quad (14.19)$$

如 14.3.2 節的說明所示，「隨機變數之常數倍的期望值 = 該隨機變數之期望值的常數倍」，故可將上式改寫如下。

$$\begin{aligned}
V(aX) &= E(a^2 X^2) - \{E(aX)\}^2 \\
&= a^2 E(X^2) - \{aE(X)\}^2 \\
&= a^2 [E(X^2) - \{E(X)\}^2] \\
&= a^2 V(X)
\end{aligned} \quad (14.20)$$

接著說明當隨機變數 X_1 與隨機變數 X_2 獨立時，$X_1 + X_2$ 的變異數，也就是 $V(X_1 + X_2)$ 是多少。由式（14.17）的 $V(X) = E(X^2) - \{E(X)\}^2$，以及「和的期望值 = 期望值的和」，也就是 $E(X_1 + X_2) = E(X_1) + E(X_2)$ 的關係，可以將 $V(X_1 + X_2)$ 拆解如下。

$$V(X_1 + X_2) = E((X_1 + X_2)^2) - \{E(X_1 + X_2)\}^2$$
$$= E(X_1^2 + 2X_1X_2 + X_2^2) - \{E(X_1) + E(X_2)\}^2$$
$$= E(X_1^2) + 2E(X_1X_2) + E(X_2^2) \tag{14.21}$$
$$- [\{E(X_1)\}^2 + 2E(X_1)E(X_2) + \{E(X_2)\}^2]$$

將上式各項順序調換，可以得到下式。

$$V(X_1 + X_2) = [E(X_1^2) - \{E(X_1)\}^2] + [E(X_2^2) - \{E(X_2)\}^2]$$
$$+ 2[E(X_1X_2) - E(X_1)E(X_2)] \tag{14.22}$$

再利用式（14.17）的 $V(X) = E(X^2) - \{E(X)\}^2$，可得到以下結果。

$$V(X_1 + X_2) = [E(X_1^2) - \{E(X_1)\}^2] + [E(X_2^2) - \{E(X_2)\}^2]$$
$$+ 2[E(X_1X_2) - E(X_1)E(X_2)] \tag{14.23}$$
$$= V(X_1) + V(X_2) + 2[E(X_1X_2) - E(X_1)E(X_2)]$$

而這條式子的後半部分，$E(X_1X_2) - E(X_1)E(X_2)$ 又該怎麼處理呢？讓我們再回想一下擲硬幣的例子。下表為我們說明隨機變數獨立時所用的表 14-6。

表14-8　隨機變數 X_1 與隨機變數 X_2 彼此獨立

		X_2		
		反面（0日圓）	正面（1日圓）	X_1 的邊際機率分布
X_1	反面（0日圓）	$\dfrac{1}{4}$	$\dfrac{1}{4}$	$P(X_1 = 0) = \dfrac{1}{2}$
	正面（1日圓）	$\dfrac{1}{4}$	$\dfrac{1}{4}$	$P(X_1 = 1) = \dfrac{1}{2}$
	X_2 的邊際機率分布	$P(X_2 = 0) = \dfrac{1}{2}$	$P(X_2 = 1) = \dfrac{1}{2}$	

這個例子中，X_1X_2 的期望值 $E(X_1X_2)$ 等於「（X_1X_2 所有可能的數值 × 該數值的機率）的總和」。由聯合機率分布，可列出以下算式。

$$E(X_1X_2) = (0 \times 0) \times P(X_1 = 0 \text{ 且 } X_2 = 0)$$
$$+ (0 \times 1) \times P(X_1 = 0 \text{ 且 } X_2 = 1)$$
$$+ (1 \times 0) \times P(X_1 = 1 \text{ 且 } X_2 = 0) \tag{14.24}$$
$$+ (1 \times 1) \times P(X_1 = 1 \text{ 且 } X_2 = 1)$$

如 14.2 節最後所述，由於隨機變數 X_1 與隨機變數 X_2 彼此獨立，故聯合機率分布等於對應的邊際機率分布的乘積。拿套網底的格子來說，$P(X_1 = 0$ 且 $X_2 = 0) = P(X_1 = 0) \times P(X_2 = 0)$，其它格子也一樣。我們用這個關係將上式改寫成以下形式。

$$
\begin{aligned}
E(X_1 X_2) = {}& (0 \times 0) \times P(X_1 = 0) \times P(X_2 = 0) \\
& + (0 \times 1) \times P(X_1 = 0) \times P(X_2 = 1) \\
& + (1 \times 0) \times P(X_1 = 1) \times P(X_2 = 0) \\
& + (1 \times 1) \times P(X_1 = 1) \times P(X_2 = 1)
\end{aligned}
\tag{14.25}
$$

算式中的乘法可以再整理成與 X_1 相關的部分，以及與 X_2 相關的部分，得到以下式子。

$$
\begin{aligned}
E(X_1 X_2) = {}& \{0 \times P(X_1 = 0)\} \times \{0 \times P(X_2 = 0)\} \\
& + \{0 \times P(X_1 = 0)\} \times \{1 \times P(X_2 = 1)\} \\
& + \{1 \times P(X_1 = 1)\} \times \{0 \times P(X_2 = 0)\} \\
& + \{1 \times P(X_1 = 1)\} \times \{1 \times P(X_2 = 1)\}
\end{aligned}
\tag{14.26}
$$

稍做整理後可得到以下式子。

$$
\begin{aligned}
E(X_1 X_2) = {}& \{0 \times P(X_1 = 0)\} \times [\{0 \times P(X_2 = 0)\} + \{1 \times P(X_2 = 1)\}] \\
& + \{1 \times P(X_1 = 1)\} \times [\{0 \times P(X_2 = 0)\} + \{1 \times P(X_2 = 1)\}]
\end{aligned}
\tag{14.27}
$$

再整理成以下的樣子。

$$
\begin{aligned}
E(X_1 X_2) = {}& [\{0 \times P(X_1 = 0)\} + \{1 \times P(X_1 = 1)\}] \\
& \times [\{0 \times P(X_2 = 0)\} + \{1 \times P(X_2 = 1)\}]
\end{aligned}
\tag{14.28}
$$

上式的前半部為隨機變數 X_1 的期望值 $E(X_1)$，後半部為隨機變數 X_2 的期望值 $E(X_2)$。也就是說，$E(X_1 X_2) = E(X_1)E(X_2)$

　　整個推導過程中，我們只有用到「X_1、X_2 彼此獨立」這個條件，除此之外，只有調動加法與乘法項目的順序而已。改變算式中順序並不會影響到隨機變數本身的數值，因此「當隨機變數彼此獨立時，隨機變數之積的期望值，等於各隨機變數之期望值的積」這樣的關係永遠都會成立。

由於 $E(X_1X_2) = E(X_1)E(X_2)$，故 $E(X_1X_2) - E(X_1)E(X_2) = 0$，將這個關係代入式（14.23），可得到 $V(X_1 + X_2) = V(X_1) + V(X_2)$。也就是說「隨機變數彼此獨立時，隨機變數之和的變異數，等於各隨機變數之變異數的和」。

由以上推論，可以知道樣本平均之變異數 $V(\bar{X})$ 的計算公式（14.4），也就是下式的前兩行是正確的。

$$V(\bar{X}) = V\left(\frac{X_1 + X_2 + \cdots + X_n}{n}\right)$$
$$= \left(\frac{1}{n}\right)^2 \{V(X_1) + V(X_2) + \cdots + V(X_n)\} \quad （14.29）$$
$$= \frac{1}{n^2}(\sigma^2 + \sigma^2 + \cdots + \sigma^2) = \frac{1}{n^2} \times n\sigma^2 = \frac{\sigma^2}{n}$$

而 X_1, X_2, $\cdots$, X_n 皆服從變異數為 σ^2 的機率分布，故 $V(X_1)$、$V(X_2)$、$\cdots$、$V(X_n)$ 皆為 σ^2。因此，第二行式子可做如下變形，進而得到式（14.29）的第三行。

$$V(\bar{X}) = \left(\frac{1}{n}\right)^2 \{V(X_1) + V(X_2) + \cdots + V(X_n)\}$$
$$= \frac{1}{n^2}(\sigma^2 + \sigma^2 + \cdots + \sigma^2) \quad （14.30）$$
$$= \frac{1}{n^2} \times n\sigma^2 = \frac{\sigma^2}{n}$$

經過一段很長的說明之後，我們終於證明了本章一開始提到的

若從一個平均為 μ、變異數為 σ^2 的母體隨機抽出一組樣本大小為 n 的樣本，則樣本平均的期望值為 μ、變異數為 $\dfrac{\sigma^2}{n}$。

 練習問題

設有兩個籤箱，中獎時的獎金分別如下所示。

- 1 號籤箱中獎的機率為 0.4，中獎時的獎金為 100 日圓，沒中獎時的獎金為 0 日圓。
- 2 號籤箱中獎的機率為 0.2，中獎時的獎金為 300 日圓，沒中獎時的獎金為 0 日圓。

設抽一次 1 號籤箱所獲得的獎金金額為隨機變數 X_1，抽一次 2 號籤箱所獲得的獎金金額為隨機變數 X_2，X_1 與 X_2 的聯合機率分布如表 14-9 所示。

表14-9　兩籤箱之中獎獎金的聯合機率分布

		X_2	
		0 日圓	300 日圓
X_1	0 日圓	0.5	0.1
	100 日圓	0.3	0.1

試回答以下問題。

1. X_1 與 X_2 彼此是否獨立？
2. 若從 1 號籤箱與 2 號籤箱各抽一次籤，試求兩者獎金之和的期望值。

練習問題解說

1. 將題目中提到的 X_1 與 X_2 的邊際機率分布加在表 14-9 上，可得到表 14-10。

表14-10　兩籤箱之中獎獎金的聯合機率分布與邊際機率分布

		X_2		
		0 日圓	300 日圓	X_1 的邊際機率分配
X_1	0 日圓	0.5	0.1	0.6
	100 日圓	0.3	0.1	0.4
	X_2 的邊際機率分布	0.8	0.2	

如果 X_1 與 X_2 彼此獨立，那麼聯合機率分布應等於對應的邊際機率分布之乘積，例如 $P(X_1 = 0$ 且 $X_2 = 0)$ 會等於 $P(X_1 = 0) \times P(X_2 = 0)$。但是，如表中套網底的格子所示，聯合機率分布 $P(X_1 = 0$ 且 $X_2 = 0) = 0.5$、邊際機率分布 $P(X_1 = 0) = 0.6$、$P(X_2 = 0) = 0.8$，故「$P(X_1 = 0$ 且 $X_2 = 0) = P(X_1 = 0) \times P(X_2 = 0)$」之等式並不成立。因此，$X_1$ 與 X_2 並非獨立。[2]

2. 所求之期望值為 $E(X_1 + X_2)$。

不管 X_1 與 X_2 是否獨立，$E(X_1 + X_2) = E(X_1) + E(X_2)$ 永遠都會成立。

$$E(X_1 + X_2) = E(X_1) + E(X_2) \text{ 成立}$$
$$E(X_1) = 0 \times 0.6 + 100 \times 0.4 = 40 \tag{14.31}$$
$$E(X_2) = 0 \times 0.8 + 300 \times 0.2 = 60$$

故 $E(X_1 + X_2) = 40 + 60 = 100$（日圓）。

另外，我們也曾在 9.4.1 節中，以兩階段刮刮樂為例，說明兩個非獨立的抽籤是什麼樣子。

2　「不獨立」也可稱做「相依」

附錄　本書所使用的常態分布表與 t 分配表

標準常態分布表（$P(Z \geq z)$）

z 的小數第 2 位

	0.00	0.01	0.02	0.03	0.04
0.0	0.50000	0.49601	0.49202	0.48803	0.48405
0.1	0.46017	0.45620	0.45224	0.44828	0.44433
0.2	0.42074	0.41683	0.41294	0.40905	0.40517
0.3	0.38209	0.37828	0.37448	0.37070	0.36693
0.4	0.34458	0.34090	0.33724	0.33360	0.32997
0.5	0.30854	0.30503	0.30153	0.29806	0.29460
0.6	0.27425	0.27093	0.26763	0.26435	0.26109
0.7	0.24196	0.23885	0.23576	0.23270	0.22965
0.8	0.21186	0.20897	0.20611	0.20327	0.20045
0.9	0.18406	0.18141	0.17879	0.17619	0.17361
1.0	0.15866	0.15625	0.15386	0.15151	0.14917
1.1	0.13567	0.13350	0.13136	0.12924	0.12714
1.2	0.11507	0.11314	0.11123	0.10935	0.10749
1.3	0.096800	0.095098	0.093418	0.091759	0.090123
1.4	0.080757	0.079270	0.077804	0.076359	0.074934
1.5	0.066807	0.065522	0.064255	0.063008	0.061780
1.6	0.054799	0.053699	0.052616	0.051551	0.050503
1.7	0.044565	0.043633	0.042716	0.041815	0.040930
1.8	0.035930	0.035148	0.034380	0.033625	0.032884
1.9	0.028717	0.028067	0.027429	0.026803	0.026190
2.0	0.022750	0.022216	0.021692	0.021178	0.020675
2.1	0.017864	0.017429	0.017003	0.016586	0.016177
2.2	0.013903	0.013553	0.013209	0.012874	0.012545
2.3	0.010724	0.010444	0.010170	9.9031E-03	9.6419E-03
2.4	8.1975E-03	7.9763E-03	7.7603E-03	7.5494E-03	7.3436E-03
2.5	6.2097E-03	6.0366E-03	5.8677E-03	5.7031E-03	5.5426E-03
2.6	4.6612E-03	4.5271E-03	4.3965E-03	4.2692E-03	4.1453E-03
2.7	3.4670E-03	3.3642E-03	3.2641E-03	3.1667E-03	3.0720E-03
2.8	2.5551E-03	2.4771E-03	2.4012E-03	2.3274E-03	2.2557E-03
2.9	1.8658E-03	1.8071E-03	1.7502E-03	1.6948E-03	1.6411E-03
3.0	1.3499E-03	1.3062E-03	1.2639E-03	1.2228E-03	1.1829E-03
3.1	9.6760E-04	9.3544E-04	9.0426E-04	8.7403E-04	8.4474E-04
3.2	6.8714E-04	6.6367E-04	6.4095E-04	6.1895E-04	5.9765E-04
3.3	4.8342E-04	4.6648E-04	4.5009E-04	4.3423E-04	4.1889E-04
3.4	3.3693E-04	3.2481E-04	3.1311E-04	3.0179E-04	2.9086E-04
3.5	2.3263E-04	2.2405E-04	2.1577E-04	2.0778E-04	2.0006E-04
3.6	1.5911E-04	1.5310E-04	1.4730E-04	1.4171E-04	1.3632E-04
3.7	1.0780E-04	1.0363E-04	9.9611E-05	9.5740E-05	9.2010E-05
3.8	7.2348E-05	6.9483E-05	6.6726E-05	6.4072E-05	6.1517E-05
3.9	4.8096E-05	4.6148E-05	4.4274E-05	4.2473E-05	4.0741E-05

（左側縱向文字）z 的小數第 1 位以前之數值

※表中的「E」表示指數。例如 "9.9031E-03" 表示
$9.9031 \times 10^{-3} = 9.9031 \times 0.001 = 0.0099031$。

標準常態分布表（$P(Z \geq z)$）
z 的小數第 2 位

z 的小數第 1 位以前之數值

	0.05	0.06	0.07	0.08	0.09
0.0	0.48006	0.47608	0.47210	0.46812	0.46414
0.1	0.44038	0.43644	0.43251	0.42858	0.42465
0.2	0.40129	0.39743	0.39358	0.38974	0.38591
0.3	0.36317	0.35942	0.35569	0.35197	0.34827
0.4	0.32636	0.32276	0.31918	0.31561	0.31207
0.5	0.29116	0.28774	0.28434	0.28096	0.27760
0.6	0.25785	0.25463	0.25143	0.24825	0.24510
0.7	0.22663	0.22363	0.22065	0.21770	0.21476
0.8	0.19766	0.19489	0.19215	0.18943	0.18673
0.9	0.17106	0.16853	0.16602	0.16354	0.16109
1.0	0.14686	0.14457	0.14231	0.14007	0.13786
1.1	0.12507	0.12302	0.12100	0.11900	0.11702
1.2	0.10565	0.10383	0.10204	0.10027	0.098525
1.3	0.088508	0.086915	0.085343	0.083793	0.082264
1.4	0.073529	0.072145	0.070781	0.069437	0.068112
1.5	0.060571	0.059380	0.058208	0.057053	0.055917
1.6	0.049471	0.048457	0.047460	0.046479	0.045514
1.7	0.040059	0.039204	0.038364	0.037538	0.036727
1.8	0.032157	0.031443	0.030742	0.030054	0.029379
1.9	0.025588	0.024998	0.024419	0.023852	0.023295
2.0	0.020182	0.019699	0.019226	0.018763	0.018309
2.1	0.015778	0.015386	0.015003	0.014629	0.014262
2.2	0.012224	0.011911	0.011604	0.011304	0.011011
2.3	9.3867E-03	9.1375E-03	8.8940E-03	8.6563E-03	8.4242E-03
2.4	7.1428E-03	6.9469E-03	6.7557E-03	6.5691E-03	6.3872E-03
2.5	5.3861E-03	5.2336E-03	5.0849E-03	4.9400E-03	4.7988E-03
2.6	4.0246E-03	3.9070E-03	3.7926E-03	3.6811E-03	3.5726E-03
2.7	2.9798E-03	2.8901E-03	2.8028E-03	2.7179E-03	2.6354E-03
2.8	2.1860E-03	2.1182E-03	2.0524E-03	1.9884E-03	1.9262E-03
2.9	1.5889E-03	1.5382E-03	1.4890E-03	1.4412E-03	1.3949E-03
3.0	1.1442E-03	1.1067E-03	1.0703E-03	1.0350E-03	1.0008E-03
3.1	8.1635E-04	7.8885E-04	7.6219E-04	7.3638E-04	7.1136E-04
3.2	5.7703E-04	5.5706E-04	5.3774E-04	5.1904E-04	5.0094E-04
3.3	4.0406E-04	3.8971E-04	3.7584E-04	3.6243E-04	3.4946E-04
3.4	2.8029E-04	2.7009E-04	2.6023E-04	2.5071E-04	2.4151E-04
3.5	1.9262E-04	1.8543E-04	1.7849E-04	1.7180E-04	1.6534E-04
3.6	1.3112E-04	1.2611E-04	1.2128E-04	1.1662E-04	1.1213E-04
3.7	8.8417E-05	8.4957E-05	8.1624E-05	7.8414E-05	7.5324E-05
3.8	5.9059E-05	5.6694E-05	5.4418E-05	5.2228E-05	5.0122E-05
3.9	3.9076E-05	3.7475E-05	3.5936E-05	3.4458E-05	3.3037E-05

※表中的「E」表示指數。例如 "9.9031E-03" 表示
$9.9031 \times 10^{-3} = 9.9031 \times 0.001 = 0.0099031$。

t 分布表（自由度為 v 的 $100\,\alpha$ 百分點 $t_\alpha(v)$）

α

	0.40	0.30	0.25	0.20	0.15	0.10	0.05	0.025	0.01	0.005
1	0.3249	0.7265	1.0000	1.3764	1.9626	3.0777	6.3138	12.7062	31.8205	63.6567
2	0.2887	0.6172	0.8165	1.0607	1.3862	1.8856	2.9200	4.3027	6.9646	9.9248
3	0.2767	0.5844	0.7649	0.9785	1.2498	1.6377	2.3534	3.1824	4.5407	5.8409
4	0.2707	0.5686	0.7407	0.9410	1.1896	1.5332	2.1318	2.7764	3.7469	4.6041
5	0.2672	0.5594	0.7267	0.9195	1.1558	1.4759	2.0150	2.5706	3.3649	4.0321
6	0.2648	0.5534	0.7176	0.9057	1.1342	1.4398	1.9432	2.4469	3.1427	3.7074
7	0.2632	0.5491	0.7111	0.8960	1.1192	1.4149	1.8946	2.3646	2.9980	3.4995
8	0.2619	0.5459	0.7064	0.8889	1.1081	1.3968	1.8595	2.3060	2.8965	3.3554
9	0.2610	0.5435	0.7027	0.8834	1.0997	1.3830	1.8331	2.2622	2.8214	3.2498
10	0.2602	0.5415	0.6998	0.8791	1.0931	1.3722	1.8125	2.2281	2.7638	3.1693
11	0.2596	0.5399	0.6974	0.8755	1.0877	1.3634	1.7959	2.2010	2.7181	3.1058
12	0.2590	0.5386	0.6955	0.8726	1.0832	1.3562	1.7823	2.1788	2.6810	3.0545
13	0.2586	0.5375	0.6938	0.8702	1.0795	1.3502	1.7709	2.1604	2.6503	3.0123
14	0.2582	0.5366	0.6924	0.8681	1.0763	1.3450	1.7613	2.1448	2.6245	2.9768
15	0.2579	0.5357	0.6912	0.8662	1.0735	1.3406	1.7531	2.1314	2.6025	2.9467
16	0.2576	0.5350	0.6901	0.8647	1.0711	1.3368	1.7459	2.1199	2.5835	2.9208
17	0.2573	0.5344	0.6892	0.8633	1.0690	1.3334	1.7396	2.1098	2.5669	2.8982
18	0.2571	0.5338	0.6884	0.8620	1.0672	1.3304	1.7341	2.1009	2.5524	2.8784
19	0.2569	0.5333	0.6876	0.8610	1.0655	1.3277	1.7291	2.0930	2.5395	2.8609
20	0.2567	0.5329	0.6870	0.8600	1.0640	1.3253	1.7247	2.0860	2.5280	2.8453
21	0.2566	0.5325	0.6864	0.8591	1.0627	1.3232	1.7207	2.0796	2.5176	2.8314
22	0.2564	0.5321	0.6858	0.8583	1.0614	1.3212	1.7171	2.0739	2.5083	2.8188
23	0.2563	0.5317	0.6853	0.8575	1.0603	1.3195	1.7139	2.0687	2.4999	2.8073
24	0.2562	0.5314	0.6848	0.8569	1.0593	1.3178	1.7109	2.0639	2.4922	2.7969
25	0.2561	0.5312	0.6844	0.8562	1.0584	1.3163	1.7081	2.0595	2.4851	2.7874
26	0.2560	0.5309	0.6840	0.8557	1.0575	1.3150	1.7056	2.0555	2.4786	2.7787
27	0.2559	0.5306	0.6837	0.8551	1.0567	1.3137	1.7033	2.0518	2.4727	2.7707
28	0.2558	0.5304	0.6834	0.8546	1.0560	1.3125	1.7011	2.0484	2.4671	2.7633
29	0.2557	0.5302	0.6830	0.8542	1.0553	1.3114	1.6991	2.0452	2.4620	2.7564
30	0.2556	0.5300	0.6828	0.8538	1.0547	1.3104	1.6973	2.0423	2.4573	2.7500
31	0.2555	0.5298	0.6825	0.8534	1.0541	1.3095	1.6955	2.0395	2.4528	2.7440
32	0.2555	0.5297	0.6822	0.8530	1.0535	1.3086	1.6939	2.0369	2.4487	2.7385
33	0.2554	0.5295	0.6820	0.8526	1.0530	1.3077	1.6924	2.0345	2.4448	2.7333
34	0.2553	0.5294	0.6818	0.8523	1.0525	1.3070	1.6909	2.0322	2.4411	2.7284
35	0.2553	0.5292	0.6816	0.8520	1.0520	1.3062	1.6896	2.0301	2.4377	2.7238
36	0.2552	0.5291	0.6814	0.8517	1.0516	1.3055	1.6883	2.0281	2.4345	2.7195
37	0.2552	0.5289	0.6812	0.8514	1.0512	1.3049	1.6871	2.0262	2.4314	2.7154
38	0.2551	0.5288	0.6810	0.8512	1.0508	1.3042	1.6860	2.0244	2.4286	2.7116
39	0.2551	0.5287	0.6808	0.8509	1.0504	1.3036	1.6849	2.0227	2.4258	2.7079
∞	0.2533	0.5244	0.6745	0.8416	1.0364	1.2816	1.6449	1.9600	2.3263	2.5758

自由度 v

索　引

索　引

Note

國家圖書館出版品預行編目資料

擺脫挫折的統計學入門 / 淺野晃作；陳朕疆譯.
-- 初版. -- 新北市：世茂，2019.02
　　面；　　公分. -- (科學視界；229)
ISBN 978-957-8799-59-2(平裝)

1.統計學

510　　　　　　　　　　　107020342

科學視界 229

擺脫挫折的統計學入門

作　　　者／淺野晃
譯　　　者／陳朕疆
主　　　編／陳文君
責任編輯／曾沛琳
出　版　者／世茂出版有限公司
地　　　址／(231)新北市新店區民生路19號5樓
電　　　話／(02)2218-3277
傳　　　真／(02)2218-3239（訂書專線）、(02)2218-7539
劃撥帳號／19911841
戶　　　名／世茂出版有限公司
世茂官網／www.coolbooks.com.tw
排版製版／辰皓國際出版製作有限公司
印　　　刷／祥新印刷股份有限公司
初版一刷／2019年2月

Ｉ Ｓ Ｂ Ｎ／978-957-8799-59-2
定　　　價／340元